哈萨克族是我国56个民族大家庭中的一员。哈萨克族有悠久的历史文化。长期以来,关于哈萨克族研究,国内一些学者有所提供;国际上的研究正在兴起。但是,依然让读者感觉到那些信息是局部的、支离破碎的、难以连贯的,不足以揭示一个民族历史全貌。简单地说,不足以让人解渴。

走近中国少数民族丛书
主编/丹珠昂奔

哈萨克族
Hasakezu

艾克拜尔·米吉提 伊拉达·拉音别克 著

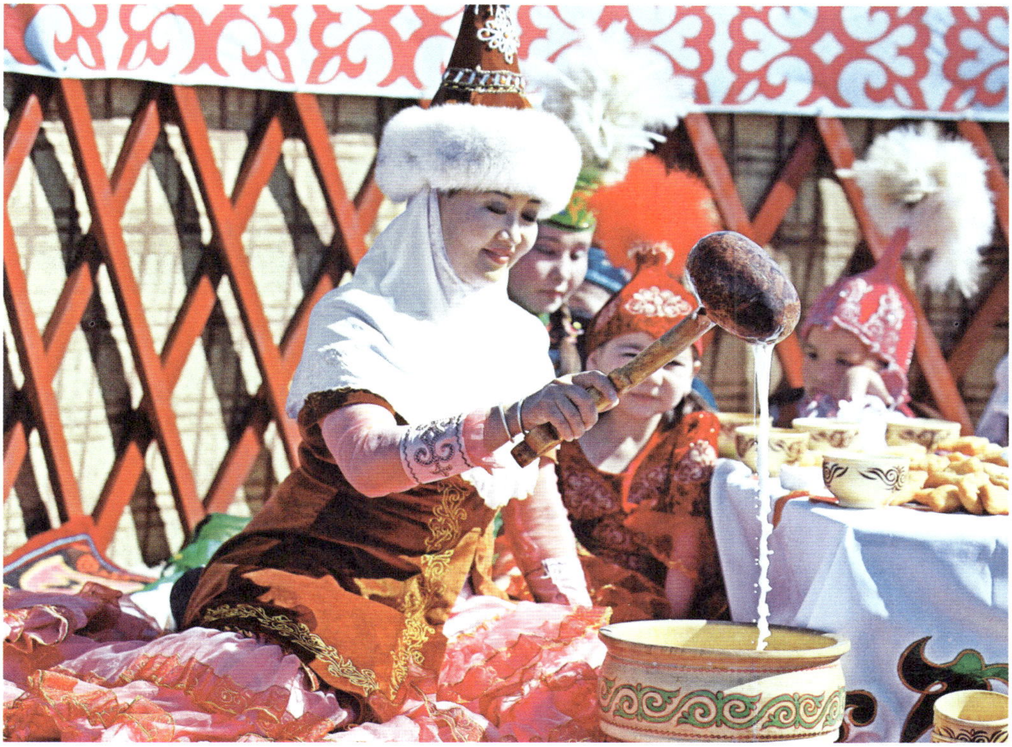

辽宁民族出版社

ⓒ 艾克拜尔·米吉提　伊拉达·拉音别克　2014

图书在版编目（CIP）数据

哈萨克族 / 艾克拜尔·米吉提，伊拉达·拉音别克著. — 沈阳：辽宁民族出版社，2014.12（2020.5重印）
（走近中国少数民族丛书 / 丹珠昂奔主编）
ISBN 978-7-5497-0968-7

Ⅰ. ①哈… Ⅱ. ①艾… ②伊… Ⅲ. ①哈萨克族—民族历史—中国 ②哈萨克族—民族文化—中国 Ⅳ. ①K283.6

中国版本图书馆CIP数据核字（2014）第310761号

走近中国少数民族丛书·哈萨克族
ZOUJIN ZHONGGUO SHAOSHU MINZU CONGSHU·HASAKEZU

丛书策划 / 李凤山

出版发行者：辽宁民族出版社
地　　　址：沈阳市和平区十一纬路25号　邮编：110003
印　刷　者：晟德（天津）印刷有限公司
幅面尺寸：170mm×240mm
印　　张：12.5
字　　数：180千字
出版时间：2014年12月第1版
印刷时间：2020年5月第2次印刷
责任编辑：李凤山　吴昕阳
封面设计：杜　江
责任印制：杨　雪
责任校对：边京爱

标准书号：ISBN 978-7-5497-0968-7
定　　价：38.00元

网　　址：www.lnmzcbs.com　　　　邮购热线：024-23284335
淘宝网店：http://lnmz2013.taobao.com
如有印装质量问题，请与出版社联系调换　　联系电话：024-23284340

《走近中国少数民族丛书》编辑委员会

主　编 / 丹珠昂奔（藏族）

副主编 / 武翠英　张学进　李凤山（蒙古族）

编　委 /（按姓氏音序排列）

　　　　巴哈提（哈萨克族）　　白庚胜（纳西族）　　白兰英（蒙古族）

　　　　陈　丹（彝族）　　　　杜　江　　　　　　黄如猛（壮族）

　　　　金顺玉（朝鲜族）　　　李　璜　　　　　　李　欣（朝鲜族）

　　　　李有明（回族）　　　　吕　怡　　　　　　莫福山（藏族）

　　　　权春哲（朝鲜族）　　　萨仁图娅（蒙古族）　佟　强（蒙古族）

　　　　吴昕阳（满族）　　　　徐　凯　　　　　　殷德俭

　　　　张学林（朝鲜族）　　　钟廷雄（壮族）　　　朱　虹（蒙古族）

《走近中国少数民族丛书》作者名录

《蒙古族》 萨仁图娅（蒙古族）

《回族》 许宪隆（回族） 张龙（汉族）

《藏族》 丹珠昂奔（藏族）

《维吾尔族》 艾克拜尔·吾拉木（维吾尔族）
　　　　　　 买力克·买买提（维吾尔族）
　　　　　　 伊利迪尔（维吾尔族）

《苗族》 石莉芸（苗族） 李云兵（苗族）

《彝族》 陈国光（彝族）

《壮族》 黄佩华（壮族）

《布依族》 周国炎（布依族）

《朝鲜族》 黄有福（朝鲜族）

《满族》 于今（满族）

《侗族》 杨筑慧（侗族）

《瑶族》 玉时阶（壮族）

《白族》 董建中（白族）

《土家族》 罗中（土家族） 罗午（土家族）

《哈尼族》 朱志民（哈尼族） 李泽然（哈尼族）

《哈萨克族》 艾克拜尔·米吉提（哈萨克族）
　　　　　　 伊拉达·拉音别克（哈萨克族）

《傣族》 赵瑛（傣族）

《黎族》 罗文雄（黎族）

《傈僳族》 鲁建彪（傈僳族） 欧光明（傈僳族）

《佤族》 郭锐（佤族）

《畲族》 钟亮（畲族）

《台湾少数民族》 林华（台湾少数民族）

《拉祜族》 苏翠薇（拉祜族）

《水族》 韦学纯（水族）

《东乡族》 马兆熙（东乡族） 马自祥（东乡族）

《纳西族》 白庚胜（纳西族） 孙淑玲（汉族）
　　　　　 白羲（纳西族）

《景颇族》 金黎燕（景颇族）

《柯尔克孜族》 阿地里·居玛吐尔地（柯尔克孜族）

《土族》 祁进玉（土族） 东永学（土族）

《达斡尔族》 毅松（达斡尔族）

《仫佬族》 黎学锐（仫佬族） 黎炼（仫佬族）

《羌族》 雍继荣（羌族） 罗吉华（羌族）
　　　　 周发成（羌族）

《布朗族》 陶玉明（布朗族）

《撒拉族》 马成俊（撒拉族） 马建新（撒拉族）

《毛南族》 韩德明（汉族）

《仡佬族》 周小艺（仡佬族）

《锡伯族》 阿苏（锡伯族） 盛丰田（锡伯族）
　　　　　 何荣伟（锡伯族）

《阿昌族》 们发延（阿昌族） 张斯齐（蒙古族）

《普米族》 朱凌飞（汉族） 杨周明（普米族）

《塔吉克族》 西仁·库尔班（塔吉克族）
　　　　　　 阿力木江·西仁（塔吉克族）

《怒族》 李月英（傈僳族） 张芮婕（傈僳族）

《乌孜别克族》 古丽巴努木·克拜吐里（维吾尔族）

《俄罗斯族》 乃珂热曼·依布拉音（塔吉克族）

《鄂温克族》 黄任远（汉族） 那晓波（鄂温克族）

《德昂族》 袁丽华（汉族） 王燕（汉族）

《保安族》 马少青（保安族）

《裕固族》 董潇红（裕固族） 王政德（藏族）

《京族》 吕俊彪（汉族）

《塔塔尔族》 卡米力·库尔马尤夫（塔塔尔族）

《独龙族》 李金明（独龙族）

《鄂伦春族》 王为华（汉族）

《赫哲族》 黄任远（汉族）

《门巴族》 陈立明（汉族） 张媛（汉族）

《珞巴族》 陈立明（汉族） 李锦萍（汉族）

《基诺族》 朱映占（汉族）

总序

中国是一个统一的多民族国家。几千年来，有着悠久历史和灿烂文化的少数民族，与汉族一道，在中华大地上繁衍生息，共同开发着这块土地，建设、发展、捍卫着这个古老而伟大的国家。各民族都是兄弟，相互离不开，都是这个国家的主人。习近平总书记在第二次中央新疆工作座谈会上发表重要讲话，指出："要坚定不移坚持党的民族政策、坚持民族区域自治制度。民族团结是各族人民的生命线。要高举各民族大团结的旗帜，在各民族中牢固树立国家意识、公民意识、中华民族共同体意识，最大限度团结依靠各族群众，使每个民族、每个公民都为实现中华民族伟大复兴的中国梦贡献力量，共享祖国繁荣发展的成果。各民族要相互了解、相互尊重、相互包容、相互欣赏、相互学习、相互帮助，像石榴籽那样紧紧抱在一起。""要在各族群众中牢固树立正确的祖国观、民族观，弘扬社会主义核心价值体系和社会主义核心价值观，增强各族群众对伟大祖国的认同、对中华民族的认同、对中华文化的认同、对中国特色社会主义道路的认同。"因此，坚持平等、团结、互助、和谐的社会主义民族关系，不断增进了解，深化友谊，建立牢不可破的感情基础，是中国社会转型期、改革攻坚期、矛盾多发期保持社会稳定、发展的基本要求，也是实现中华民族伟大复兴的中国梦的基本要求。

为了进一步宣传我国少数民族的历史文化和民族风情，增强对少数民族的认识，宣传党的民族政策和方针，加深对党的民族政策的理解，加强各民族之间的了解与沟通，让读者了解少数民族，中华人民共和国国家民族事务委员会文化宣传司和辽宁民族出版社共同组织了《走近中国少数民族丛书》。

《走近中国少数民族丛书》的编写有以下三个特点：第一，采用图文并茂的形式、鲜活生动的语言、特色浓郁的图片与丰富的民族常识链接，向读者展示我国55个少数民族的历史渊源、民族变迁、社会生活、文化艺术、风俗习惯、历史人物和民族区域自治政策的伟大实践。第二，作者多为本民族的专家学者和与民族研究工作相关的专家学者，对自己撰述的对象既有深厚的知识积累，也有真挚的情感。第三，内容彰显了历史与现实、民族文化与地域文化、民族区域自治地方与散杂居地区少数民族生产生活的多彩画卷和轨迹，引导读者走近少数民族，聆听他们的古老传说，感受他们的发展变化，加深彼此的沟通和了解。这套《走近中国少数民族丛书》是面向民族干部和各级干部通览我国少数民族概况的普及读本，也是图书馆的必备藏书。

《走近中国少数民族丛书》所揭示的每一个民族的历史，都承载着这个民族的文化，也承载着这个民族的发展和未来。中华大地孕育的55个少数民族多彩斑斓的民族文化，同汉族文化一道从远古走到今天，汇入了中华文化壮阔的历史长河。"共同团结奋斗，共同繁荣发展"，保护、传承和弘扬少数民族优秀文化，不仅是推动我国民族团结进步事业的重要内容，也是构建和谐社会、实现中华民族伟大复兴的中国梦的重要使命。期待通过《走近中国少数民族丛书》，使广大读者徜徉于少数民族多彩风情的同时，更加深刻地了解和认知中华民族多元一体的文化内涵，感受中华民族悠久历史的深远与厚重。

丹珠昂奔

2014年6月26日

前言

哈萨克族 马的驯服者

哈萨克族是我国56个民族大家庭中的一员。哈萨克族有悠久的历史文化。长期以来，关于哈萨克族研究，国内一些学者有所提供；国际上的研究正在兴起。但是，依然让读者感觉到那些信息是局部的、支离破碎的、难以连贯的，不足以揭示一个民族历史全貌。简单地说，不足以让人解渴。其中的原因是多方面的：

首先是历史的偏见。无论是东西方文献，在记述关于哈萨克草原地带时，都视以"蛮夷之地"来表述，往往一笔带过，所以，很多历史真相在这种历史偏见下走失。

其次是文化中心主义与文化传播学派的负面影响。在过去殖民主义和帝国主义历史阶段，认为人类只有有限的几个文化中心，而人类的所有的文化都是由这几个中心传播的，除此而外一切都是文化荒漠，更是莫谈历史。许多历史被人为屏蔽。感谢科技时代的来临，碳14的测定和DNA基因技术的破解，还有考古发掘和新发现，使得许多历史谜团被揭示出来，让人类的认识更接近于历史本原。不同民族的历史也开始逐渐浮出水面，并连贯起来。更感谢信息时代的来临，使得这些新的发现，犹如阳光和空气一样迅速传播，让天下的人分享。

再次是语言文字的障碍。清朝皇帝钦定的《〈西域图志〉校注》记述颇为有趣："外藩字无正音，称名类由口授，积久沿讹。犹得与初称相似者，盖往往而有矣。"由此可以看到一个主观臆断的判断——"外藩字无正音"。对于其他语言的理解，也仅限于此。但是，同是《〈西域图志〉校注》，又讲述了另一种真实的人文历史现象："昔夷汉有言语绝不相通，所传不免悠谬。""必执史汉为据，则司马迁、班固并未身历其地。即至其

地,而语言不通,文字不晓,其传讹有必然者,故注其大略如右。"在此,却又看得到一种客观判断。而在西方文献中记载也大略如此。所以,仅靠文字记载,亦难获全貌。更何况同一个民族由于历史原因,更换过不同文字,书面记载也不尽相同。

复次是历史的阻断。由于在不同历史时期信奉不同宗教,一个民族的历史便可以蓄意篡改。历史疆界的更替,也会带来一些畸变。这些都构成了一个又一个历史陷阱和历史谜团。要涉越陷阱,揭开谜团,显然是一个巨大的挑战。

本著的贡献在于,国外的研究者很少借助汉籍研究哈萨克族的历史,因为除极少数学者,绝大多数人无法直接阅读汉文古籍,文言文较之现代汉语,似乎有另一种语言的迷宫感觉。因此,无法借助汉文献来研究。其次,汉籍记载,在不同朝代、不同作者、不同口音的人依照亘古以来的尾音去除法,由其他语言音译为汉语记载时,会出现天壤之别。其实,仔细缕析,依然有天然的内在关联。而且,汉籍的历史真实性无可替代。我们恰恰借助这一优势,试图将哈萨克族历史的疑团揭开,让被阻断的历史连贯起来。

还有一点,哈萨克族的部落文化是一个巨大的历史宝藏。在二十四史中,许多情况下,现今的哈萨克族历史,恰恰是以部落名称被记载下来。比如说乌孙、康居(康里)、葛逻禄、突骑施、阿兰、奄蔡、钦察、札剌亦儿、克烈、乃蛮等。令人感动的是，这些哈萨克部落名称，即使过了千年，依然保持到今天，连语音都没有变化。这就是草原文化的特殊性。因为"逐水草而居"，草原文化就有了流动性，有了流动性便具有了活力，有了流动性便具有了传承性、延续性、单一性。这便是《吕氏春秋·尽数》所言："流水不腐，户枢不蠹，动也。"所以，哈萨克族千百年来，没有方言之说。有别于农耕文明"虽鸡犬相闻，老死不相往来"格局，十里不同天，翻过一道岭便是一种方言的特点。这便是一个民族所具有的、不可复制的文化密码之一。解开密码，便可以还原一个民族的历史文化。

现在，通过本著，读者或许会得到一条通往草原的捷径，走向那里，去了解一个古老的马背民族——哈萨克族。

开满郁金香的哈萨克草原在期待您的光临。

目录

总序	001
前言	003
第一章　族源历史	009
族源族称	010
人口与民族区域自治	017
历史沿革	019
部落构成	024
语言文字	039
宗教信仰	042
第二章　物质文化	047
居住环境与生态资源	048
星象历法	054
生产习俗	057
第三章　民俗风情	073
传统服饰	074
饮食文化	082
居住习俗	093
交通习俗	097
诞生习俗	100
婚姻习俗	103
丧葬习俗	108
节庆风俗	110
第四章　传统文化	115
传统医学	116
传统音乐	119
传统乐器	123

传统舞蹈 126
　　传统图案 129
　　传统体育与游戏 134

第五章　传统文学 145
　　民间文学 146
　　书面文学 153

第六章　名胜风光 159
　　伊犁河 160
　　果子沟 161
　　赛里木湖 162
　　薰衣草之乡——霍城 163
　　库尔德宁 164
　　那拉提大草原 165
　　"八卦城"——特克斯 166
　　夏塔古道 167
　　唐布拉百里风景区 167
　　喀纳斯湖 168
　　阿尔泰山 168
　　库鲁斯台草原 169
　　巴尔鲁克山 169

第七章　著名历史人物 171
　　古代名人 172
　　近现代名人 183

参考文献 188
图片提供者 191
后记 192

第一章
族源历史

传统的哈萨克族，主体属于典型的草原文化民族。相对于农耕文化，草原文化具有粗犷、豪迈、奔放的特质。

我国的哈萨克族主要分布于新疆维吾尔自治区伊犁哈萨克自治州所辖伊犁、塔城、阿勒泰地区25个县市，木垒哈萨克自治县、巴里坤哈萨克自治县和位于天山北麓的博尔塔拉蒙古自治州、昌吉回族自治州、乌鲁木齐、哈密等地，少数分布于甘肃省阿克塞哈萨克族自治县和青海省西部。

哈萨克族历史悠久，是中华民族重要成员之一。

阿克吾赞春色

  传统的哈萨克族，主体属于典型的草原文化民族。相对于农耕文化，草原文化具有粗犷、豪迈、奔放的特质。

  我国的哈萨克族主要分布于新疆维吾尔自治区伊犁哈萨克自治州所辖伊犁、塔城、阿勒泰地区25个县市，木垒哈萨克自治县、巴里坤哈萨克自治县和位于天山北麓的博尔塔拉蒙古自治州、昌吉回族自治州、乌鲁木齐、哈密等地，少数分布于甘肃省阿克塞哈萨克族自治县和青海省西部。

  哈萨克族历史悠久，是中华民族重要成员之一。

族源族称

哈萨克族族源

  哈萨克是一个古老民族，是匈奴后裔之一，族源在汉文献中最早可以追溯到我国夏朝。匈奴的前身，在我国不同朝代因汉字发音方式的变化、音译择字不同，从而冠以不同称呼（当然，也有历史的局限与偏见);夏朝称为薰鬻;商朝称为鬼方;周朝称为猃狁;汉代称为匈奴,同字沿用及今。当然,"匈奴"二字读音两千多年来也发生了变化。

在西方文献中亦可追溯到公元前9世纪以前斯基泰人(塞种)时期。当时斯基泰人主要分布在阿尔泰山以东。公元前8世纪中叶,周宣王征伐猃狁、西戎,后者压迫斯基泰人西走欧亚草原。从那时起,北方草原民族开始一轮又一轮西迁浪潮。当然,朝代更替、战争、人畜瘟疫、自然灾害、气候变迁、饥荒等,成为这些部落不断西迁的诱因,以至后世西方史学家称长城像弓箭一样,不断把中国北方民族射向欧洲。部分斯基泰人依然居留原地,在我国古代文献中作塞种、塞人。近现代中译文作斯基泰人、斯基台人。有的中译本译作斯奇提亚人(Scythia)。又译作塞西安人或西徐亚人、撒卡依人等等。均源自希腊语Skythaio,最早见于希罗多德的《历史》。斯基泰人抑或是塞种人,还要下分若干部落。广义的斯基泰人还应包括滞留在中亚、西西伯利亚和阿尔泰地区的一些部落,指的都是塞种人。狭义的塞种人是被匈奴、乌孙、月氏人环环挤压,南迁到印度河流域的塞种人。我国史籍所载乌孙人,在希罗多德《历史》中就被载为伊赛多涅斯人(Issedones)。由此,一些学者得出结论,乌孙人、月氏人可能在此前几个世纪就是由伊犁河谷一带东迁至祁连山麓,几个世纪之后再回迁伊犁河谷,于是又带来新的历史变化。乌孙部落,迄今

◀ 母亲河

秋日鹤阵

在哈萨克大帐部落（大玉兹）中为主干之一。而塞种人或塞人，是来自于波斯人的称呼。希罗多德就说："波斯人是把所有的斯奇提亚人都称为撒卡依人的。"

我国汉籍也说，塞种后来分为数国，自疏勒西北，休循、捐毒等皆为过去的塞种。而且强调，休循国，"民俗衣服类乌孙，因畜随水草，本故塞种也"。捐毒国，"北与乌孙接。衣服类乌孙，随水草，依葱岭，本塞种也"。尉头国，"因畜随水草，衣服类乌孙"。这些部落民俗、服装都和乌孙相同。而乌孙人随畜逐水草，与匈奴同俗，也归属匈奴。显然，塞种人、匈奴人与乌孙人生活方式同俗同服，生产方式同是"因畜随水草"，生存地域也与历史上和今天的哈萨克族各部落相同，同为哈萨克族源。

乌孙东与匈奴、西北与康居、西与大宛、南与城郭诸国相接。这一带本属塞人之地，当来自河西走廊的大月氏人西进伊犁河谷一带攻破塞人领地，迫使塞王南去，大月氏人居其地。之后

> **知识链接** "昆莫"一词在哈萨克语中意为"太阳主宰者"，此称谓一直延续到13世纪的乃蛮昆比——"太阳军"。

乌孙昆莫击破大月氏人,大月氏人继续向西迁徙臣属于大夏(之后将要取而代之建立贵霜王朝)。乌孙昆莫自此居于伊犁河一带,所以,乌孙人中便有了塞种人和大月氏人。无疑,塞种人是哈萨克族先祖之一。

匈奴即十姓部落联盟。首先是一个地域政权概念。"匈奴"亦泛指当时隶属于匈奴地区的所有部落,"长城以北,引弓之国,受命单于",可见不是专指单一民族。冒顿单于"北服浑庾、屈射、丁零、鬲昆、薪犁之国"。在前元四年(前176),老上稽粥单于致孝文帝"天所立匈奴大单于敬问皇帝无恙"著名信札中提到:"今以少吏之败约,故罚右贤王,使至西方求月氏击之。以天之福,吏卒良,马力强,以灭夷月氏,尽斩杀降下定之。楼兰、乌孙、呼揭及其旁二十六国皆以为匈奴。诸引弓之民并为一家……"足见匈奴十姓部落联盟所指宽泛。

用今天的阿尔泰语系突厥语族克普恰克(钦察)语支的哈萨克语依然能够解读"匈奴"的对音"Ondar",翻译成汉语,是

◀ 草原之春

"十姓部落"之意,便是最早的匈奴。"十姓部落"事实上也是一个虚数,类似于汉文化中"百"的概念。"Ondar""十姓部落"称谓沿用到突厥时期——被匈奴之后崛起的同根部族群落突厥全盘继承。迄今在哈萨克人中保留着匈奴时期部落称号的有乌孙、康里(康居)等,曾经统治过现今伊犁河谷一带,是哈萨克族重要族源之一。

知识链接 匈奴在汉武帝时被击溃后,南匈奴融入长城以内,北匈奴官闹远徙,在随后的岁月中匈奴的称号逐渐消失。在4世纪时,可以在遥远的多瑙河畔听闻来自匈奴王阿提拉征战东罗马帝国的回声。在阿提拉之后的150年,匈奴重新回到了广袤的钦察草原,即现今的哈萨克草原,与在这里即将崛起的突厥部族融合。自此,匈奴称号只是成为了一种遥远的历史记忆。

在匈奴之后,铁勒和突厥(6世纪中叶)部族崛起取代了地域政权。或者换句话说,突厥(还译作图兰人、图兰尼亚人等,汉籍记载铁勒,便是隋唐所载突厥)之名取代了匈奴。而族群成员,依然是原来的各部族。匈奴语言从《史记》《汉书》记载来看,仍是后来崛起的语言学分类中的阿勒泰语系突厥语族的渊源之一。在《史记·匈奴列传》《汉书·匈奴传》中记载的"瓯脱"一词,实为迄今在哈萨克语中沿用的"Otar"一词,其词义为荒漠牧地。

▲ 牧马图

从中世纪开始便已屡见史籍的葛逻禄、突骑施、钦察、札剌亦儿、克烈、乃蛮、阿尔根、瓦克(汪古)等部均与哈萨克族有渊源关系。在现代哈萨克族中一些部落主干依然保留着上述古代名称。

元朝时,哈萨克各部落举部进入中原,成为蒙古人、色目人的主干。札剌亦儿、鸿吉剌等部落,克烈、篾儿乞、乃曼、康

◀ 雪山牧歌

里、钦察部落整部进入元大都。甚至建有钦察万人队。在元廷有许多出自札剌亦儿、鸿吉剌、克烈、篾儿乞、乃曼、康里、钦察、瓦克（汪古）部落的大臣、皇室的皇后和驸马，还出过像康里巎巎这样的书法大家和一些诗人、学者。应当说，在元朝鼎盛时期，也是哈萨克各部族一个辉煌的历史阶段。它的主体在中亚步入伊斯兰化，而进入中原的那一部分人，开始融入中原文化。

现代哈萨克族由众多的部落组成。在16世纪哈萨克汗国时

> **知识链接**
>
> **大玉兹（大帐）部落** 札剌亦儿、康里、乌孙、阿勒班（悦般）、速宛、都剌惕（咄啰）、沙帕拉希德、司尔格勒、夏尼西库勒、额思特、斡夏克德、萨里乌孙、卡塔甘等，曾属乌孙国，后隶属咄啰（都剌惕）国。
>
> **中玉兹（中帐）部落** 由阿尔根（阿鲁温）、钦察（克普恰克）、乃蛮、弘吉剌、克烈、瓦克（汪古）等部落组成。
>
> **小玉兹（小帐）部落** 小玉兹主要由三大部落组成，它们是阿利姆乌勒、巴依乌勒、杰特乌鲁。
>
> **阿利姆乌勒部落内有** 卡拉撒卡勒、卡拉科瑟克、科特、脱里惕卡拉、薛么柯伊、谢克特等部落。
>
> **巴依乌勒内有十二个部落** 阿罗、阿尔申、阿勒坛、迦帕斯、阿剌夏、拜巴合惕、别尔希、也先帖木尔、克孜勒库尔特、谢尔克西、额思科、塔思、玛斯哈尔等部落。
>
> **杰特乌鲁部落** 内有塔奔、塔玛、克尔德热、札嘎勒拜勒、客列亦惕、铁列乌、拉马丹等部落。

第一章 族源历史

期，分别将三百个大部落组成了哈萨克的三个百部，实际上是军队的三翼，即左部、中部、右部。在汉文文献中被音译为"三个玉兹"，意译为左、中、右三部或大、中、小三帐。这是自匈奴时期延续下来的游牧民族军队组成形式。后来突厥时期继承了这一分法。到了成吉思汗时期，同样沿用了军队分为三翼的传统。

在三百个部落中，凡在汉籍中记载过的部族几乎全部囊括。

其中许多部落名称泛见于中外文献，只是在不同时期有不同读音记载，但是，在哈萨克族群中，这些部落名称读音几乎没有变化。

哈萨克族族称

对于"哈萨克族"族称词义，有若干种释义。根据民间有关天鹅的传说，认为哈萨克为"天鹅"之意。当然，这一传说可以得到《周书·突厥传》和《北史·突厥铁勒传》印证："一孕而生四男。其一变为白鸿。"此处所指白鸿，当是现今的天鹅。

显然，天鹅说，可以得到汉籍佐证，不是空穴来风。而与音译哈萨克还原为哈萨克语原音时，对位为 Khaz akh，进行词义分解时，这一词组由两个单词组成：即 Khaz（鸿—鹅）和 Akh（白）。从名词形态上看，属倒装词组，即名词 Khaz（鸿—鹅）在前，指示代词 Akh（白）在后，符合古突厥语特征。当然，在现代哈萨克语中倒装词组亦屡见不鲜。而这一释义，基本接近 Khaz akh——哈萨克词义本貌。

▶ 天鹅故乡

也有人把哈萨克解释为"战士""自由人""避难者""脱离者"等，但这些说法似有些勉强，无论从词义学或读音学角度，都难以贴近哈萨克之"Khaz akh"读音。

有学者认为，中国古代文献所载"曷萨""阿萨""可萨"当是现今哈萨克"Khaz akh"的音译名。因为，古代汉语音译通常会省去尾音。另外，译音择字与史家自身方言口音密不可分，与此同时，汉字读音也在不同时期有所变化，这些因素不容忽略。当然，英国人道森所编《出使蒙古记》"波兰人教友本尼迪克特的叙述""鲁不鲁乞东游记"和几封传教士的信函详载"可萨"和"可萨里亚地区"，是指公元8世纪以后建立的可萨突厥治下地区。14世纪初叶，传教士们自汗八里（中都，即今北京）和刺桐（泉州）发往罗马教廷的信函，都要由可萨里亚地区基督教主教转发。显然，可萨"Khaz akh"之称自突厥时代一直延传下来。亦即今天哈萨克"Khaz akh"的由来。

当然，也有一些传说记载，但是经不起推敲，需要仔细甄别。

人口与民族区域自治

哈萨克族是我国33个跨国民族之一，其人口分布于我国、哈萨克斯坦、俄罗斯、乌兹别克斯坦、蒙古、土库曼斯坦、吉尔吉斯斯坦、塔吉克斯坦、土耳其、阿富汗、伊朗、巴基斯坦、德国、美国、澳大利亚、法国、加拿大等40多个国家。

人口

中华人民共和国成立60多年来，我国哈萨克族人口明显增长，1949年为44万多人，1979年约为84万人，1982年约为90万人，1985年为96.4万人；1997年，我国哈萨克族进入人口超过百万的民族行列。2000年人口普查资料显示，哈萨克族总人口为125.05万人，其中，男性63.39万人，女性61.66万人；性别比为102∶98。与10年前的"四普"相比，哈萨克族人口增加了13.97万人，增长率为12.58％，平均年增长率1.15％。我国的哈萨克族主要聚居在新疆维吾尔自治区，共有124.5万人，占哈萨克族总人口的99.57%。另外，甘肃省阿克塞哈萨克族自治县哈萨克族人口3 700多人，青海省和北京市也有部分哈萨克族人口。

我国哈萨克族主要聚居于新疆维吾尔自治区北部广大地区，其中主要分布在伊犁哈萨克自治州直属伊犁、塔城、阿勒泰地区，其次分布于昌吉回族自治州、博尔塔拉蒙古自治州各县和哈密地区。此外在克拉玛依市、乌鲁木齐市和乌鲁木齐县哈萨克族人口也有分布。伊犁哈萨克自治州哈萨克族人口为75万多人，占该州总人口的24%。其中，哈萨克族人口最多的是新源县，全县有13万哈萨克族人；哈萨克族人口比例最高的是青河县，哈萨克族占全县人口比例为86%。

除新疆维吾尔自治区外，甘肃省阿克塞哈萨克族自治县和青海海西也是哈萨克族较为集中的地区。

民族区域自治

中华人民共和国成立后，党和国家为维护各少数民族当家做主的权利，促进少数民族地区政治、经济、文化发展，制定了在各少数民族地区实行民族区域自治政策并付诸实施。根据民族区域自治政策，1954年11月27日成立了伊犁哈萨克自治州，直隶伊犁八县，伊宁、奎屯、霍尔果斯三个市，辖塔城、阿勒泰地区，自治州首府为伊宁市。

1954年9月30日成立了巴里坤哈萨克自治县，人民政府所在地是巴里坤。

1954年7月17日成立木垒哈萨克自治县，人民政府所在地是木垒。

1954年4月27日甘肃省阿克塞哈萨克族自治县成立，该县人民政府所在地是博罗转井，后迁至红柳镇。

1954年1月15日成立青海省蒙古族藏族哈萨克族自治州，人民政府所在地是德令哈，后迁至格尔木。该州的哈萨克族人于1984年迁回新疆，并被安置在阿勒泰、昌吉回族自治州和乌鲁木齐等地。但是，随后又有一批哈萨克人重返青海，现被安置在海西蒙古族藏族自治州大柴旦镇一带。

草原辽阔
马儿壮

  依据我国民族区域自治法，哈萨克族的各自治机关是中央政府统一领导下的一级地方政权，除行使一般地方政权机关的职权外，还依照宪法和法律所规定的权限行使自治权，可以依照本民族政治、经济、文化特点和需要，制定自治条例。

  新中国成立六十多年来，我国哈萨克族社会、经济、政治、文化、教育、新闻、出版、广播电视、医疗、体育等诸多方面发生了巨大变化，取得突飞猛进的发展。我国哈萨克族几代知识分子与共和国一同成长。现在，形成了从自然科学到社会科学、医学、金融、经济、文化等各个领域的知识分子队伍。按人口平均比例，哈萨克族人口受高等教育比例在全国56个民族中名列前茅。从首都北京到地方基层，在不同社会层面上都有哈萨克族新一代知识分子在兢兢业业工作、创业，为国奉献。

历史沿革

  哈萨克草原，东起祁连山、天山，北逾额尔齐斯河、阿勒泰山，南至锡尔河、塔拉斯河（怛逻斯河）、咸海、里海，西至伏尔加河（加依克河），东西3 000余公里，南北2 000余公里的广袤原野。在这崇山峻岭与辽阔草原丘陵地带，这些年来出土文物和考古发现有旧石器时期文化、新石器时期文化、青铜文化遗迹。

哈萨克族族源与匈奴有着千丝万缕的联系。

匈奴,尤其是北匈奴的消失成为千古之谜。这一点似乎始终困扰着后来者和今人。个中原因诸多,比如匈奴族群早期无文字记载,且与造纸术、印刷术的迟滞传及,后来的族群演变,疆域的更迭,宗教信仰的变化,文字的更替,书面语言与口语的差异均有关系。从汉文典籍来看,各朝文献虽有传承,但随着汉字读音的变化,立著者的方言口音的不同,加之历代辗转传抄、考订补遗各异,在对同一族群、部落、氏族、地名、山川、方物译名择字方面各有差异,以及著者自身的历史局限,留下了诸多看似难解的疑团。而西方文献,抛去特定的历史文化偏见,由于元音与辅音的发声和读音变化、名词后缀的变化、复数格的变化、生产生存方式和文化内涵方面的不同,在音译与意译对位方面依然存在大量的问题。加之文化传播学派僵化的思路,唯文献论者的囿于窠臼,机械的文明与野蛮论分,使得这一谜团越描越重。感谢科学时代,大量的田野调查、考古发现、碑铭破译、岩画释读、碳14测定、DNA识别、航空遥感技术的应用、语音和语言学的发展,使得许多历史疑团愈发变得清晰起来,正在逐步解开,抑或找到了解开这些疑团的有效途径。当然,我国传统史学文献的记载,依然提供了最为鲜活有力的历史史料和历史事迹,这一点是无可替代的。

《史记·匈奴列传》对草原文化特性记载十分清晰。称匈奴"随畜牧而转移""逐水草迁徙""咸食畜肉,衣其皮革,被旃裘"。但是,对其君王的记载,"自淳维以至头曼千有余岁,时大时小,别散分离,尚矣,其世传不可得而次云。"从秦时头曼单于开始有了明确记载。"当是之时,东胡强而月氏盛。匈奴单于曰头曼,头曼不胜秦,北徙。十余年而蒙恬死,诸侯畔秦,中国扰乱,诸秦所徙适戍边者皆复去,于是匈奴得宽,复稍度河南与中国界于故塞。""然至冒顿而匈奴最强大,尽服从北夷,而南与中国为敌国,其世传国官号乃可得而记云。""后北服浑庾、屈射、丁零、鬲昆、薪犁之国。于是匈奴贵人大臣皆服,以冒顿单于为贤。"经过秦朝以前一千多年的发展,此时,北方草原部族尽归匈奴,形成"十姓部落"联盟,哈萨克族主体部落亦源于此。

《史记·大宛列传》又有一段记载可以印证哈萨克族源与匈奴的紧密关系:"是后天子数问骞大夏之属。骞既失侯,因言曰:'臣居匈奴中,闻乌孙王号昆莫,昆莫之父,匈奴西边小国也。匈奴攻杀其父,而昆莫生,弃于野。乌嗛肉蜚其上,狼往乳之。单于怪以为神,而收长之。及壮,使将兵,数有功,单于复以其父之民予昆莫,令长守于西域。昆莫收养其

夏特沟卵石上的乌孙图案(昭苏)

巴尔达胡里古突厥人舞蹈岩画(裕民)

民,攻旁小邑,控弦数万,习攻战。单于死,昆莫乃率其众远徙,中立,不肯朝会匈奴。匈奴遣奇兵击,不胜,以为神而远之,因羁属之,不大攻。今单于新困于汉,而故浑邪地空无人。蛮夷俗贪汉财物,今诚以此时而厚币赂乌孙,招以益东,居故浑邪之地,与汉结昆弟,其势宜听,听则是断匈奴右臂也。既连乌孙,自其西大夏之属皆可招来而为外臣。'天子以为然,拜骞为中郎将,将三百人,马各二匹,牛羊以万数,赍金币帛直数千巨万,多持节副使,道可使,使遗之他旁国。"

《新唐书·沙陀传》称:"始,突厥东西部分治乌孙故地。"在突厥时期,哈萨克古老部族仍在这一方土地上生产生活。这一时期,现今属哈萨克部落的突骑施部则游牧于碎叶城(今吉尔吉斯斯坦的托克玛克)一带。唐朝中期,西突厥十姓部落在外敌的侵扰和内部的纷争中衰落,突骑施兴起,逐渐替代了西突厥十姓的地位,控制了原属西突厥的地域。突骑施首领乌质勒将其众分为

二十部落，每部落设置都督一员，分领将士七千人，游牧于西突厥故地。乌质勒遣使唐朝，唐中宗封他为"怀德郡王"，听其与西大都护共守西方边境。至此，突骑施汗国已经形成。

天宝十二年（753），唐朝册封顿毗伽都督为葛逻禄叶护，封金山郡王，承认其领有北庭原统之三姓葛逻禄及咽面羁縻地区，建藩属葛逻禄国，都阴山城。大历后兼并藩属突骑施国。贞元六年（790），为吐蕃所灭，国亡。

在后来的喀喇汗朝时期，一部分哈萨克部族依然在这一方土地上繁衍生息。喀喇汗朝分前喀喇汗朝（840—1041）、西喀喇汗朝（1041—1212）、东喀喇汗朝（1041—1211），喀喇汗朝后期依附过西辽（1124—1218）。与此同时存在的有乃蛮汗国、克烈汗国等哈萨克部族政权，直至13世纪初被成吉思汗一统格局所终结。

此后，在钦察汗国（1242—1502，又称金帐汗国、克普恰克汗国、术赤兀鲁思）、察合台汗国（1227—1369）、白帐汗国（1266—1456）、青帐汗国（1240—1350）、帖木儿帝国时期（1370—1507），哈萨克部族依然在哈萨克草原游牧生活。随着蒙元时期入主中亚一带的成吉思汗后裔术赤系和察合台系逐渐皈依

云霭缭绕的哈萨克草原
▼

伊斯兰教，这些蒙古王室也与哈萨克草原融为一体，成为今天哈萨克民族历史的一部分。

在月季别汗（1282—1341）后期，哈萨克部落脱离了月季别汗国。事实上，月季别是汗名，全称为穆罕默德·月季别汗，是金帐汗国第九代汗王，也是在位时间最长的金帐汗国君主（1312—1341在位）。

札剌亦儿王朝（1330—1430），是蒙古伊儿汗国解体后，札剌亦儿人在伊朗西部、伊拉克成立的汗国，延续了百年的王朝。

哈萨克汗国（1456—1847），由术赤系的苏丹克烈汗与贾尼别克汗创立。在鼎盛时期据有2 310多万平方公里国土面积。先后有18任可汗在位。1456年，白帐汗国最后一个可汗巴拉克之子克烈汗和贾尼别克汗，率领哈萨克诸部东迁楚河流域和塔拉斯河流域，建立了哈萨克汗国，建都土尔克斯坦城。17世纪的前半期，巴尔喀什湖以南的楚河、塔拉斯河流域是哈萨克人的牧地之一。中亚的塔什干、安集延、撒马尔罕等地也是哈萨克的势力范围。1589年，哈萨克人及其分布地区已分为三个玉兹：大、中、小玉兹，即清文献中的右、左、西三部。17世纪末，头克汗当政，制定了《头克法典》，加强了哈萨克各部落之间的团结。头克汗驻在塔什干，他从这里派出自己的代理人去管理哈萨克的三个玉兹。这时，大玉兹（右部）分布在巴尔喀什湖以南的楚河、塔拉斯河、伊犁河和七河流域，塔什干、撒马尔罕等地亦归其控制；中玉兹（左部）夏牧场在锡尔河中游及卡腊套山脉一带，冬牧场在托博尔河、伊施姆河、努腊河、萨雷苏诸河流域；小玉兹（西部）在今哈萨克斯坦西部，也的力河（今顿河）、阿克加依克河（今伏尔加河）一带。

> **知识链接** **玉兹** 血缘的部落联盟，也是准军事组织。

自卫拉特—准噶尔部兴起，开始连年不断对外扩张。尤其哈萨克草原常年遭到卫拉特—准噶尔部侵扰。将近两个世纪的战乱使哈萨克人民深受灾难。中玉兹（哈萨克斯坦中部地区）和大玉兹（七河流域）一度臣服于准噶尔部。小玉兹（西哈萨克斯坦）则于1731年被沙俄吞并。18世纪中叶，清朝统一了准噶尔部，解除了哈萨克来自准噶尔部的威胁。在抗击准噶尔扩张以及协助清廷平定准噶尔叛乱、反对沙俄入侵、实现清朝统一新疆的斗争中，哈萨克人民做出了不可磨灭的贡献。

至19世纪中叶，哈萨克族占伊犁河谷居民的大多数。他们有自古以来传承的丰富的畜牧业生产经验，对祖国边疆的经济发展、社会稳定做出了贡献。

光绪十年（1884）新疆建省后，伊犁、塔城哈萨克部落隶属于伊犁将军；北部的阿勒泰初属于科布多参赞大臣，后划为阿勒泰区（1919），隶属新疆省。1911年辛亥革命爆发后，结束了清朝对哈萨克人民的专制统治和封建制度。

民国时期，由于统治者的残酷统治和压迫，爆发了伊犁、塔城、阿勒泰三区革命。哈萨克族成为新民主主义革命的依靠力量。

1949年10月，新疆和平解放，哈萨克族和其他各族人民在中国共产党的领导下，进入了民族平等、团结、互助友爱和共同发展的社会主义社会。

部落构成

哈萨克民族源远流长，历史悠久，在历经了漫长的战乱纷争、部落迁移和多个部落融合之后，终于形成了今天的哈萨克民族。而独特的部落构成，也是哈萨克族人文历史文化的重要内涵。

现今的哈萨克族是属于跨国境民族。在很久以前，他们的部落就在哈萨克草原过着游牧生活。其中有些部落的名称，在他们相邻的民族和国家的历史上曾有记载。如塞种、匈奴、乌孙、康居（康里）、阿兰（奄蔡）、克烈、乃蛮、钦察（克普恰克）、咄陆（都拉惕）、突骑施、葛逻禄、札剌亦儿、弘吉剌、瓦克（汪古）、阿尔根、阿里钦等。

塞种（Sakhdar）

塞种（塞、塞克）人为哈萨克族的族源之一。据汉文史籍记载，塞种人原名"允戎"，东部塞种世居敦煌，后受大月氏人挤

◀ 草原春色

压西迁,游牧于伊犁河谷,巴尔喀什湖以东和以南,天山以北包括乌龙古河、额尔齐斯河、阿尔泰山广大地区。而西部塞种地域更为辽阔,远涉乌拉尔山、加依克河(伏尔加河)。

在哈萨克族部落中,包含有不少古塞种人的成分。如克普恰克(钦察)、阿尔根及其他部落中有"支尔塞克""别斯塞克""波尔塞克"和"卡尔塞克"等支系部落。显然这些支系部落都是塞种人后裔。《汉书·西域传》在述及哈萨克族主要源流之一乌孙时亦云:"乌孙民有塞种、大月氏种云。"这充分说明哈萨克族与古代塞种人有族源关系。现今有学者认为,佛祖释迦牟尼(Sakya muni)的族人释迦(Sakya,为族名),是由伊犁河流域南下印度的塞种人。其实,从语音学角度分析,哈萨克(khaz akh),也有留守塞种人之意(khal sakh),在历史长河中,清辅音 S 演变为浊辅音 Z,成为今天的发音方式哈萨克(khaz akh)。

匈奴(Ondar)

匈奴是古代北方最早建立地域政权的游牧部族联盟。匈奴人也是构成哈萨克族源的一部分。公元前3世纪,在以今内蒙古鄂尔多斯(Ordos)为中心的蒙古草原,建立了匈奴政权。匈奴的首领称单于(相当于后来突厥时代的可汗),《汉书·匈奴传》言:单于姓挛鞮氏,其国称之曰"撑犁孤涂单于"。匈奴谓天为"撑犁"，谓子为"孤涂"，单于者，广大之貌也，言其象天单于然也。"撑犁"对音还原哈萨克语为"Tangr"，意为"天"；"孤涂"对音还原哈萨克语为"khut"，意与《汉书》所言同，在哈萨克语中还有另一层意思："孤涂"（khut）在哈萨克神话中是一个善良的、能够带来福祉的精灵。"单于"词义依然为"天"，即"Tangr"。"撑犁孤涂单于"译为现代汉语，应是"天之子精灵"，即"天子"。匈奴人核心部落由挛部（像后来突厥汗国的阿史那部一样）和其他有影响的部落组成。公元前59—49年，匈奴内部发生动乱，分裂为两部。一部称南匈奴，为首的是呼韩邪（前58—31年），另一部分是以他的兄弟那至（前56—36年）为首的北匈奴。前者于公元前52年归顺汉朝。而那至在汉朝政府的压力下，退到今哈萨克斯坦东南部的咸海和热湖（伊塞克湖）之间一带。之后，又不断有匈奴人西迁，有的更西进达欧洲。有学者认为他们便是西方史料中的匈（Him）人。关于匈奴人的语言，许多学者认为属于阿尔泰共同语时期古代突厥语。

匈奴人兴起于公元前3世纪，衰落于公元1世纪。在匈奴冒顿单于时，征服了邻近许多部族，控地东尽辽河，西至葱岭。今哈萨克族居住的大部分地区和主要部落都在匈奴的控制之下。

据《汉书·西域传》载，公元前71年，乌孙与汉朝联合攻击匈奴，乌孙俘获匈奴4万人。这4万人后来无疑都被作为哈萨克族的主要族源的乌孙所融合，而这仅只是一次战争的结果，这样的相互争夺人口、畜群、财产的战争不止发生一次。由此，古代的匈奴人与现在的哈萨克族历史交织在一起。

乌孙（Yusun）

乌孙是哈萨克族的先民，是组成哈萨克族的重要部落，也是哈萨克大玉兹的主体部落。乌孙在汉籍中是一个显著标示，在记述西域诸国纷繁的历史事件、部族迁徙、疆界演变、民俗服饰、饮食习惯、生活起居等状况时，皆以乌孙为坐标比照。

乌孙于公元前2至1世纪崛起于我国西北地区，后在伊犁河流域建立了一个留下深远历史影响的政权。乌孙在西迁伊犁河流域之前，游牧于敦煌、祁连之间，其最早的首领为难兜靡。当时，乌孙为强邻大月氏人所攻。正遇难兜靡之子猎骄靡（也作昆

哈萨克祖先的传说——乌孙古墓群

莫,昆弥)刚刚诞生,被匈奴单于收养。

公元前162—161年,在匈奴老上单于支持下,昆莫(猎骄靡)率军向西大举进击,攻破当时在伊犁河流域居住的大月氏,一部分大月氏人继续西迁,一部分人则留在原地。昆莫获大月氏余众,留居伊犁河流域。此后,乌孙人口激增,势力逐渐强盛,建立起一个地域广大、国力强盛的国家。其地东接匈奴,北抵康居,西达大宛,南连城郭诸国。赤谷城为大昆莫所居政治中心。

伊犁河流域的乌孙人与中原地区的政治、经济和文化联系极为密切。早在汉武帝时,通过细君公主、解忧公主和女使冯嫽与乌孙昆莫、大将联姻,并与汉廷结盟,共同抗击匈奴。此后400年内,乌孙与中原封建王朝友好往来、和睦相处,为保障人类陆路交通时代东西方之间唯一的交通要道"丝绸之路"做出了历史贡献。

康居(Khang li)

康居也称康里、高车、杭里等,是组成哈萨克民族的主要部落之一。康居是两千多年前的古国,在长期的历史发展中,其主体部落在其故地繁衍生息，成为哈萨克族的族源之一。据哈萨克族自古相传的康居部落系谱来看，康居部落有久远的历史。一直在《史记》《汉书》《后汉书》及至隋唐史籍均有清晰记载。早在张骞出使西域时，便去过康居，康居人还为途经其境的张骞派出人马护送。《魏书·西域传》《北齐书·西域传》称，当时的米国、史国、曹国、何国、安国、小安国、那色波国、乌那曷国、穆国皆归附于康国。到了元朝，元人又称为康礼、航里、抗里、夯力、杭斤等，实为古代高车人的后裔。元朝时，康里（康居）部出过很多杰出人物。英国人道森所编《出使蒙古记》提到罗马教廷传教士们用20日行程通过康里国之情景，足见其幅员之辽阔。

阿兰（Alxin）

阿兰，又名奄蔡或阿兰卿，实为现在的阿里钦部落，是哈萨克诸部落中一个大部落，也是构成哈萨克族小玉兹（西部）的主体部落。阿兰是一个以游牧为主、兼营农业的部族，其民俗、服饰与康居大同小异。汉代时，阿兰是中亚大国，《史记·大宛列传》等载其"控弦者有十余万人"。英国人道森所编《出使蒙古记》提及阿兰人为"好基督教徒"，其中三万阿兰人在为元朝"伟大的国王所雇佣"。

可萨（Khazakh）

"可萨"为西突厥汗国的一个部族。"可萨"又作"曷萨""阿萨"。有人认为"可萨""曷萨"和"阿萨"等同音异译。"可萨"即今哈萨克"Khaz akh"。《旧唐书·波斯传》就明确记载波斯"北邻突厥之可萨部"。据史籍记载，可萨部在突厥汗国的西部，即汉代奄蔡故地。可萨人的国王，称为答尔罕，哈萨克语意为辽阔。可萨人以牧业为主。可萨人拥有四五个城市，城内居民不少，从事商业和农业，商业在可萨人中占有重要地位。英国人道森所编《出使蒙古记》详细记述了"可萨"和"可萨里亚地区"，罗马教廷派遣的传教士们是在离开拔都营地，骑行两周通过库蛮尼亚（钦察），抵可萨之地。斡儿纳思便坐落在这个国家，这是一座富庶的城市，蒙古人曾以水淹法攻陷此城。

咄陆（Dulat）

咄陆又作咄啰、都陆、都剌惕、朵豁剌惕、都拉惕等。咄陆在《旧唐书·突厥传下》便有记载，隋炀帝大业中便在乌孙故地活动。咄陆可汗泥孰者，亦称大渡可汗。父莫贺设，亦隶统叶护。武德中，尝至京师。时太宗居藩，务加怀辑，与之结盟为兄弟。既被推为可汗，遣使诣阙请降。太宗遣使赐予名号及鼓纛。公元633年，遣鸿胪少卿刘善因至其国，册授为吞阿娄拔奚利邲咄陆可汗。音译吞阿娄为Tangr，意为"天"，拔奚利邲音译为Basti By，意为"首毕官"，咄陆部可汗。自伊列河（现今的伊犁河）以西属咄陆，咄陆可汗又建庭于镞曷山西，谓为北庭。之后咄陆部也屡见史籍记载，即今哈萨克族大玉兹中的都拉惕部落，是大玉兹乌孙的一支。

突骑施（Turkex）

突骑施是乌孙后裔，西突厥五部咄陆中最强大的一支。西突厥被唐朝攻破，隶属五部咄陆的濛池都护断绝与西突厥阿史那斛瑟罗的往来，自立为莫贺达干（达尔罕）。公元700年左右，由于不堪忍受阿史那斛瑟罗刑法残暴，西突厥诸部纷纷归附突骑施首领乌质勒。乌质勒设置二十都尉，各统兵七千人，并逐渐占领斛瑟罗部的碎叶城，在此设立牙帐。公元703年，阿史那斛瑟罗因

◀ 草原印象

第一章 族源历史 029

▲ 雪山雄姿

部众被削弱,只好前往武周避难,突骑施便占有西突厥故地。

公元706年,乌质勒被唐朝封为西河郡王,在与唐安西都护郭元振会谈时乌质勒因风寒暴卒,其长子娑葛继任可汗,唐朝封其为金河郡王,赐以宫女四人。

公元709年,娑葛与弟遮弩分裂,遮弩叛入后突厥,向可汗阿史那默啜请兵征讨。公元715年,默啜发兵二万攻打娑葛,娑葛被擒杀,部将苏禄收集余众,自立为可汗。苏禄善于绥抚部众,突骑施逐渐强盛,公元719年,唐朝册拜苏禄为忠顺可汗,将史怀道之女立为金河公主嫁与苏禄和亲。他在中亚地区曾有许多战绩。公元723年,苏禄在锡尔河抵御大食倭马亚王朝,取得大胜。公元729—730年,在安国、康国取得胜利,配合粟特起义,将大食军从阿姆河以东一扫而去。公元730年,在康国南夏乌塔尔山,大败大食军,1.2万大食军仅剩1 000人。公元736年,粟特诸国从大食人压迫下独立。这时苏禄的力量达到了顶点,突骑施成为保卫西域丝绸之路的重要力量。他们建都者舌(也是古康居国之地),在现今塔什干附近。唐朝名将哥舒翰便是突骑施哥舒部后代。唐诗有一首无名氏所作的五言格律《哥舒歌》迄今沿传:"北斗七星高，哥舒夜带刀。至今窥牧马，不敢过临洮。"

突骑施前期与唐朝的关系比较密切，但到公元722年时，因安西都护杜暹扣留金河公主在安西进行互市的1 000匹马，引起苏禄可汗大怒，发兵围攻安西都护府。

苏禄可汗赏罚分明，深得部众拥护，称雄西域。唐朝、后突厥及吐蕃皆与其和亲，他以三国女为可敦（王后），又分立数子为叶护，势力分散后，晚年又因风病导致一手挛缩，突骑施逐渐不受其控制。

公元738年，突骑施部落大首领莫贺达干（阿拉伯史料称其为Kursul）起兵夜攻苏禄，苏禄被杀，国内大乱，莫贺达干向安西都护盖嘉运请兵平乱，大败都摩度部，吐火仙可汗和金河公主被俘虏送往唐朝长安。公元739年，莫贺达干被大食人俘虏，他打算交出千匹马与千匹骆驼为赎金，但阿拉伯人仍将他处死。莫贺达干死后，突骑施黄、黑两姓仇杀，攻战不止。

公元766年，黄、黑两姓大多融合于葛逻禄，哈萨克汗国时期的撒里乌孙部，便是突骑施黄头一支。钦察部中的脱黑撒巴是突骑施黑头一支。

葛逻禄（Kharlekh）

又作葛罗禄、歌逻禄、哈剌鲁、罕禄鲁、合鲁、卡尔鲁克，哈萨克语意为雪山、雪人。唐代西突厥诸部之一的葛逻禄部，也是今日哈萨克族的族源之一。唐初，葛逻禄部在额尔齐斯河（时称多逻斯水、曳咥河）一带，后来逐渐南下，在五代十国时期建立过葛逻禄王朝。葛逻禄统有谋落（谋剌）、炽俟（婆匐）、踏实力三个部落，称三姓葛逻禄。因其首领为叶护，又称三姓叶护。公元657年，唐朝曾设谋落部为阴山都督府，炽俟部为大漠都督府，踏实力部为玄池都督府，后又分炽俟部之大漠州为金附州都督府。8世纪60年代，突骑施部衰落，葛逻禄据有其地，建立葛逻禄汗国，于是突骑施统治下的古代哈萨克诸部又处于葛逻禄政权的管辖之下。在葛逻禄汗国时期，伊斯兰教开始传入。后来，葛逻禄与东来的回纥及西来的样磨等部联合建立了喀喇汗王朝，其疆域包括现今伊犁在内的中亚广大地区。今哈萨克族中玉兹的阿尔根部落，当为古代葛逻禄三部之一谋落后裔。

札剌亦儿（Jal Ayir）

札剌亦儿又作札剌、押剌伊而、札剌儿、扎贲尔、札剌台、扎拉尔岱等。《辽史》中便有"阻卜札剌部"的记载，是辽朝的五十九个属国之一。是哈萨克族大玉兹最主要的部落，也是哈萨克三大玉兹首屈一指的尊贵部落。是辽金时期居住在阿难水（也作斡难河，今鄂嫩河）、怯绿连河（今克鲁伦河）和黑河（Kara Kol）一带的强大部落。

蒙古兴起后，札剌亦儿部被臣服。出自札剌亦儿部的木华黎，成为成吉思汗的"四杰"之一。1206年，在铁木真竖起九游大纛，宣告成为成吉思汗时，木华黎成为成吉思汗全部左翼军队的统帅；在成吉思汗西征之际，他受命留在东方征略金国和西夏之地，便已称为木华黎国王。洪武二十一年（1388），朱元璋祭祀历代帝王时，把木华黎推在了元朝名臣第一位，并与三皇五帝一起祭祀，足见他对木华黎的尊崇。在元代，木华黎的后裔也被称以国王的名号——他的儿子孛鲁（Bolat）国王，在窝阔台汗时继承父业，而成吉思汗在世时就早已称他为孛鲁国王了。他们的子孙，则成为元朝的忠臣重臣和军队的统帅，名垂史册。

成吉思汗出征中亚时，军中有札剌亦儿人的三个千人队及札剌亦儿将领。其中一支札剌亦儿人，在伊尔汗国灭亡后，建立了百年的札剌亦儿朝。这些札剌亦儿人后来悉数留在中亚和七河流域，成为哈萨克族的重要部落之一。

辽朝记载的札剌亦儿人分别是札惕（亦称察哈）、脱忽剌温、弘合撒兀惕、古篯儿惕、兀牙惕、你勒罕、古儿勤、朵郎吉惕、秃里、尚忽惕等十大支系，每一支分成人数众多的部落。

现今的札剌亦儿人分十二支系：楚玛纳克、沃拉克德、斯帕台、安达斯、库须克、麼尔拶、卡拉夏潘、瑟尔玛纳克、拜谢格尔、巴勒嘎勒、阿尔赫特尼姆、恺赤勒、布尔玛纳克、瑟伊尔齐。

克烈（Kerey）

克烈又作克列夷、克埒、克哷、且列、怯烈、怯里亦、奇哎、凯烈、怯列、客列亦惕等。克烈是今哈萨克族中玉兹的一个大部落，主要居住在阿勒泰地区，另外分布现今塔城、哈密、昌吉等地区。但克烈部早在蒙古兴起之前，便闻名于世。辽金时期，克烈部游牧于杭爱山与肯特山之间的鄂尔浑河和图拉河流域，西与乃曼、篾儿乞惕部为邻。当时，克烈是人口众多、势力强大的部落，其首领是王罕。王罕是与成吉思汗同时期的人，曾与成吉思汗的父亲也速该把秃儿结为兄弟。也速该把秃儿死后，成吉思汗对王罕十分敬重，以父事王罕。后来，克烈部王罕常与成吉思汗的蒙古部结盟攻打鞑靼、篾儿乞惕部。但这种结盟为时不长便告决裂。1204年，成吉思汗率军攻破王罕，夺取了克烈部的领地，遂开始进军乃曼国。

现今的克烈部落分十二支：贾德克、建忒克依、怯鲁希、莫勒克、喀刺喀斯、昆萨达克、萨尔巴斯、亦怯剌（伊铁勒）、加斯塔班、篾儿克惕（篾儿乞惕）、齐巴尔阿依格尔、齐莫因，在阿勒泰等地生活。

乃曼（Nayman）

乃曼也作乃蛮、奈满、乃马、乃马真、乃满、迺蛮、奈曼、奈蛮、耐满等。乃曼部是今哈萨克族中玉兹的一个大部落，主要分布在我国新疆阿勒泰、塔城和伊犁三个地区。乃曼部的历史也很久远，是古代突厥诸部之一。辽金时期，乃曼部与其他突厥诸部一样，游牧迁徙。他们的主要居住地是大阿勒泰、哈喇和林等地。《元史·速不台传》载："忽鲁浑以百户从帝（铁木真）与乃蛮部主战于长城之南，忽鲁浑射却之，其众奔阔赤（亦）檀山而溃。"可见当时乃曼涉足之境之宽泛。

天马故乡

1204年，在成吉思汗征服克烈部之后，乃曼王太阳汗（也作太阳可汗）联合篾儿乞惕部等，策划攻打成吉思汗所部。由于有人告密，成吉思汗先发制人，突然袭击，将乃曼部、篾儿乞惕部

牧马图

击溃,太阳汗被杀。1206年,成吉思汗又突然袭击乃曼不亦鲁黑汗。乃曼部毫无准备,不亦鲁黑汗被擒,部众四散,有不少逃至额尔齐斯河流域、别失八里等地和西辽境内,最终臣服成吉思汗。这些乃曼部落后来都融合到哈萨克中玉兹中去了。

现今的乃曼部落分九个支系,称九个印章的乃曼:廓克加尔、耶尔格涅科特、铁尔斯唐巴勒、萨尔卓玛尔特、布刺、脱列格台、巴噶纳勒、巴勒塔勒、耶勒阿塔。

在我国分布的乃曼部落主要是脱列格台。脱列格台又分四大支系:朵尔图乌勒、喀剌克烈、萨德尔、玛台。黑宰部落出自玛台。

篾儿乞惕(Merkit)

篾儿乞惕为现今哈萨克族中玉兹克烈部落十二支系之一。主要分布在新疆阿勒泰山麓。篾儿乞惕部落在唐时称为弥列哥,辽时称梅里急、密儿纪,《亲征录》作蔑儿乞,《元史》作蔑里乞、篾里期、蔑里吉、蔑儿吉、灭里吉、灭儿乞台等,元代文献又作默尔奇斯、摩尔奇特。而汉译篾儿乞惕之称最早见于《蒙古秘史》，迄今多有沿用。

辽金时，篾儿乞惕部人口众多且又好战，他们与成吉思汗的蒙古部和王罕的克烈部多次交战。一次，篾儿乞惕首领脱黑脱阿·别乞率部凌晨袭击，把成吉思汗的营盘抢劫一空，还劫持了孛儿帖夫人。

在铁木真竖起九游大纛，称成吉思汗后，很长一段时间篾儿乞惕部强盛不附，1216年，成吉思汗会诸将于秃兀剌河之黑林，问："'谁能为我征灭里吉者？'速不台请行，帝壮而许之。"1219年，速不台率大军至蟾河，与篾儿乞惕部相遇，一战而获其二将，尽降其众。其部主霍都（火都）奔钦察，速不台追击，与钦察战于玉峪，败之。由此，与钦察部主八赤蛮进行长达18年的征战。

现在的篾儿乞惕人已融入克烈部，成为其十二部之一。

弘吉剌惕 (Khonger At)

弘吉剌惕，又作翁吉剌惕、翁吉喇特、鸿吉剌、鸿吉哩、弘吉剌、广吉剌、甕吉剌、火鲁剌等。弘吉剌惕为今哈萨克族中玉兹的一个大部落。这一名称，最早见于《辽史》，辽金时弘吉剌惕是游牧于蒙古高原的较大的部落之一，分布在克鲁伦河下游到额尔古纳河一带。西与蒙古部为邻，西南与塔塔尔部相接，东南抵金朝边界。据史籍记载，弘吉剌惕部世代与成吉思汗的蒙古部联姻，成吉思汗的妻子孛儿帖就出自弘吉剌惕部落。元朝时，有十多位皇后出自弘吉剌惕部落。后来，弘吉剌惕部一部分人融合到蒙古族中，而主体部分成为哈萨克族的一个大部落。

钦察 (Qipxakh)

又作克普恰克、哈剌赤、哈剌鲁、波洛维赤人、科马洛伊人、库蛮、昆人等。钦察是哈萨克族祖源之一，现今哈萨克族中玉兹的一个大部落。《元史·土土哈传》详载了钦察王系：

土土哈（1236—1297），其先本武平北折连川按答罕山部族，自曲出徙居西北玉里伯里山，因以为氏，号其国曰钦察。其地去中国三万余里，夏夜极短，日暂没即出。曲出生唆末纳，唆末纳生亦纳思，世为钦察国王。

太祖（成吉思汗）征伐篾里乞部，其主霍都（火都）逃往钦察,被钦察国王亦纳思接纳。成吉思汗派遣使劝谕:你藏匿我射中的麋鹿,应该送还,不然将殃及你。亦纳思答道:躲避鹰鹞的鸟雀,树丛还能保护,难道我连草木都不如?于是,成吉思汗准备征讨。此时,亦纳思已老,国中大乱。亦纳思之子忽鲁速蛮遣使自归于窝阔台。而蒙哥受命师师已达其境,忽鲁速蛮之子班都察举族迎降。班都察从征麦怯斯有功,率钦察百人从世祖忽必烈征大理,伐宋,以强勇称。平时侍奉在忽必烈身边,掌管马畜,常年捣制马乳以进,色清而味美,号黑马乳,由此将他称为哈剌赤。土土哈是班都察之子,多有奇功,元世祖时,因土土哈置哈剌鲁(因黑马乳得名)万户府。土土哈第三子名床兀儿,一生屡建功业,为中书省事,知枢密院事。床兀儿的六个儿子中,燕帖木儿受封为答剌罕、太师、右丞相、太平王;撒敦当过左丞相;答里袭封句容郡王。燕帖木儿的叔父为东路蒙古元帅不花帖木儿。

元至治二年(1322)二月庚子(2月18日),置左、右钦察卫亲军都指挥使司,命札剌亦儿人木华黎后裔拜住总之。由此可见,在元朝时就已对哈萨克这些部落关系的认同。

而钦察国王八赤蛮命运就不同了。太宗窝阔台命诸王拔都西征八赤蛮,自1219年开始的交战,一直延续18年。

元太宗九年(1237)春,蒙哥攻破钦察部,擒获八赤蛮。当时,八赤蛮逃入海岛。窝阔台帝得知,令挥师其地,恰遇大风将海水刮去,其浅可渡。蒙哥欣喜地说:这是上天在帮我开道。遂进屠其众,擒八赤蛮,命他跪下,八赤蛮说:我为一国之主,怎能苟且偷生?何况我不是骆驼,如何在人前下跪?于是,命令将他关押起来。八赤蛮对看守者说:我窜入海中,与鱼何异,但还是被捉,这是天意。现在海水涨潮期快到了,军队最好先赶回岸。蒙哥听闻,即班师,但海水已涨潮,后军竟有浮渡者。

还在1222年,速不台从征时上奏获准以灭里吉、乃蛮、怯烈、杭斤(康里)、钦察诸部千户,通立一军。而这些部落都是哈萨克族的主体,显然,蒙古帝国从一开始便是以族群部落来管理和组织军队的。

悦般（Alban）

悦般又作阿勒班，是乌孙的正传后裔。《魏书·西域传》首次记载悦般部是在太延中（435—440）。悦般国，在乌孙西北，先祖属匈奴北单于部落。被汉车骑将军窦宪驱逐，北单于度金山，西走康居，地方数千里，众可二十余万。其风俗言语与高车同，而其人清洁于胡。俗剪发齐眉，以醍醐涂之，昱昱然光泽，日三澡漱，然后饮食。

现今的阿勒班部落下分萨里（意即黄）、齐布勒两大支系。

阿尔根（Arghen）

阿尔根，元代又作阿鲁温，《元史·彻里帖木儿传》称为西域大族。是古代葛逻禄三部之一谋落的后裔，属今哈萨克族的中玉兹部落。彻里帖木儿还原对音，是 Sar temir，意即黄铁。

素宛（Suwan）

素宛部落下分杜司巴格斯、罕巴格斯、托卡尔斯坦、拜图格斯四个支系。

瓦克（Wakh）

瓦克又作汪古、雍古、王孤、瓮古、旺古、汪骨、汪古惕等。金元时期常在阴山以北及长城脚下活动。《元史·阿剌兀思剔吉忽里传》所载出自沙陀雁门之后、汪古部人阿剌兀思剔吉忽里（元代文献又称"阿勒古斯·托克塔古哩"），自辽朝起便是"远祖卜国，世为部长"。金朝时，为了限制北方游牧民族，堑山为界，阿剌兀思剔吉忽里以一军守其冲要。当时，乃曼国王太阳汗派遣名叫卓忽难（也作月忽难、哲吉讷）的使者前来与汪古部密谋共击铁木

◀ 草原之春

银山之巅

真（成吉思汗），汪古部有人愿与乃曼合击成吉思汗，但汪古部长阿剌兀思剔吉忽里不从，他派出名叫图鲁十达实（也作脱儿必答失）的使者，押着乃曼来使前往告知成吉思汗，并配合成吉思汗，合击乃曼。既平乃曼，蒙元军下中原时，阿剌兀思剔吉忽里随成吉思汗南出界垣作向导。后来，成吉思汗留阿剌兀思剔吉忽里统领本部，为其部众昔日持异议者所杀，长子不颜昔班一起被杀。他的妻子阿里黑携幼子孛要合与侄子镇国逃难，连夜逃遁到界垣，报告守兵，放下缆索登城，由此避入云中。成吉思汗攻入长城夺取云中后，找到阿里黑一家，追封阿剌兀思剔吉忽里为高唐王，阿里黑为高唐王妃。他的后代一直迎娶元室公主为妻，世袭高唐王之爵，并为元朝重臣。

瓦克（汪古）部处在不同文化的各民族之间，许多人通晓多种语言文字，文化水平较高，有人专以翻译为业。瓦克（汪古）部人多信奉聂思脱里派基督教，取基督教名，墓石刻十字和叙利亚文铭文。至元二十六年（1289）元朝专设崇福司，秩二品，掌领马儿哈昔列班也里可温十字寺祭享等事。延祐二年（1315），改为院，置领院事一员，省并天下也里可温掌教司七十二所，悉以其事归之。延祐七年（1320），复为司，后定置已上官员。足见当时瓦克（汪古）部人在朝廷的影响力。

现今哈萨克族的瓦克部落，分（旧）老瓦克和新瓦克两个支系。

脱烈（Tore）

脱烈部落是成吉思汗的后裔，他们的血统来自蒙古，被派到哈萨克各部落来做统领的，但随着历史的发展，已经完全哈萨克化，成为哈萨克的一个部落。

语言文字

哈萨克语言属阿尔泰语系突厥语族克普恰克（Qipchaq，钦察）语支。哈萨克语可以分为阿尔泰共同语、上古突厥语、古代突厥语、中古突厥语和近现代哈萨克语五个时期。

哈萨克族语言历史悠久

《希罗多德历史》记载："到他们那里去的斯奇提亚人和当地人是借着七名通译，通过七种语言来打交道的。"在《史记·匈奴列传中》也有迄今沿用的哈萨克语单词"欧脱（Otar）"。作为属于现今哈萨克大帐部落的"乌孙（Yusun）"之名，在《史记·匈奴列传》中第一次出现，是在叙及公元前176年，匈奴冒顿（Medeu）单于给汉廷送来的一封信中。此后，"乌孙"之名屡见于《史记》《汉书》《后汉书》，是与汉室和乌孙汗国几度联姻密切相关。而《汉书·西域传》所载公元前72年，"匈奴数侵边，又西伐。乌孙昆弥及公主因国使者上书，言昆弥愿发国精兵击匈奴，唯天子哀怜，出兵以救公主。"又载："元康二年（前64年），乌孙昆弥因惠上书：愿以汉外孙元贵靡为嗣，得令复尚汉公主，结婚重亲，畔绝匈奴，愿聘马骡各千匹。"

显然，给中原皇帝上书就得用上文字了。用的是哪一种文字，《汉书》没有详载，即便汉译也得有原始文本，由比可以推断，当时乌孙在使用某种文字。汉廷遂以乌孙解忧公主弟子（妹妹）相夫为公主，"置官属侍御百余人，舍上林中，学乌孙语"。显然，在长安城内能为远嫁乌孙的公主官属侍御派专人教授乌孙语，足以证明当时的乌孙语已是一种成熟语言，且有一种文字在记录语言，否则不能与汉语对译施教。

伯恩施坦姆认为："在公元前后，一种与突厥语相近的语言便广泛流行于乌孙和康居游牧民中间。"

《史记·大宛列传》记载张骞出使西域归来时，"乌孙发导译送骞还，骞与乌孙遣使数十人，马数十匹报谢，因令窥汉，知其广大。"

《汉书·张骞传》云："大宛……遣骞，为发道译，抵康居。康居传致大月氏。""乌孙发道译送骞，与乌孙使数十人，马数十匹。"

张骞一路风尘仆仆，又被乌孙派出翻译和数十位使者，带着数十匹马向长安而来。由此可以断定，早在此前，乌孙、康居的语言已是能与汉语对译的成熟语言。《史记·司马相如列传》就曾忠实记载："康居西域，重译请朝，稽首来享。"《魏书·西域传》载：遣散骑侍郎董琬、高明出使西域九国，北行至乌孙国时，乌孙王得朝廷所赐，拜受甚悦，告诉他们破洛那（故大宛国）、者舌（康国）皆思魏德，欲称臣致贡，建议他们可往二国。乌孙王为他们派出导译，董琬亲赴破洛那，高明出使者舌国。由是表明，乌孙、康居当时已经有人熟练地掌握了中文，而大宛、康居与乌孙语言同。同时《魏书·西域传》说：康居国"为胡书"，用的是某种文字。《旧唐书·康国传》明确记载康国人"俗习胡书"。而乌孙、康居语便是今天哈萨克语的根源。这一点，也被清代钦定《西域图志》印证："左部哈萨克……其君曰汗。其汗族而为首领者，名苏尔统。相传其地为古大宛。今详考之，盖古康居国也。"

哈萨克族历史上使用的文字

哈萨克族历史上更换过四次文字，早期突厥文、阿拉伯—波斯文、基里尔文、拉丁文，书面语借用过畏兀儿文、察合台文、托特蒙文、基里尔文。准噶尔汗国的兴起，也对哈萨克书面文字产生过某种影响。《西域图志》就记载过左部哈萨克"……风俗物产，大略与准格尔等。文字同，言语稍异"。"乃以托忒乌珠克印文，导我师巡行诸部。""托忒文"是清廷通常对卡尔梅克文的称呼，代表着蒙古文中的toda对音，意为"清楚的"；"乌朱克"是蒙古文üjük的对音，意为"文字"。

哈萨克族历史上多次更换文字，有战争的因素、宗教的因素、政权更迭的因素，还有疆界变化和部族融合的因素等等。

突厥文的使用，随着西突厥帝国的终结而一同告终。因为此时伊斯兰教兴起，并强势东进，8世纪时阿拉伯人已抵中亚草原。他们一同带来的便是阿拉伯—波斯文。公元751年（唐天宝十年），唐将高仙芝在怛罗斯（现今塔拉斯河）之战失利，三万士卒被俘，由是造纸术传到撒马尔罕，文字的传播就更加便利了。喀喇汗朝的兴起加速了中亚的伊斯兰化。当然，此时作为商业用语粟特文（又称窣利文）依然被中亚各民族包括哈萨克族部落广泛使用，直到13世纪蒙古人进入中亚后窣利文被废弃。自此开始一种新的书写文体——察合台语开始成为察合台汗国统一书面语言。

但是，《出使蒙古记》载，罗马传教士约翰·孟帖·科儿维诺根据《旧约》和《新约》的故事，绘制图像六幅，图下各标拉丁、突厥和波斯文，通晓这三种文字的人都可以看懂。说明当时突厥文还没有完全消失。与此同时，表明当时由于宗教原因，哈萨克部落很多人精通拉丁文、波斯文。汪古（瓦克）部落墓地碑铭用的便是叙利亚文。

实际上，近代以来哈萨克族以察合台文为基础，一直使用阿拉伯文来记述书面语言。但是阿拉伯字母不能充分表达哈萨克语的语音系统，在正音和正字上存在混乱现象。俄苏时期，哈萨克族于1917年和1924年前后两次对以阿拉伯字母为基础的哈萨克文进行了改革，省去一些不必要的字母字符，增加了软音符号。于是，用3个阿拉伯字母表示哈萨克语9个元音的混乱现象才得到克服。1924年，阿合买提·巴依吐尔逊对当时的以阿拉伯字母为基础的哈萨克文字进行了改革。他去掉了阿拉伯字母中不符合哈萨克语语音习惯的12个字母，新发明了9个元音字母，创制了以阿拉伯字母为基础、符合哈萨克语音规律的字母表和以哈萨克语为母体的语音、语法、词汇体系。20世纪30年代开始，中国的哈萨克族开始使用这一文字，俗称"老文字"。中国哈萨克族在上述两次改革的基础上，于1954年修订了阿拉伯字母的哈萨克文字母表。现行哈萨克文共有33个字母，其中9个字母表示元音、24个字母表示辅音，每一个字母按在单词的不同位置，写法略有变化，有词首、词中、词末、独立等不同的变体。拼写时以单词为单位从右向左书写词组。而哈萨克斯坦的哈萨克族1929年开始使用拉丁文，但是，当时被认为用这种文字拼写从俄语等语言借入的词汇和术语有困难，便从1940年开始使用以基里尔字母为基础文字至今。

1959年我国开始创制以拉丁字母为基础的新文字（试行）方案，1965年正式推行。1980年恢复新老文字并用，1982年废止新文字，重新使用老文字。

宗教信仰

在信奉伊斯兰教之前，哈萨克族历史上信奉过多种宗教。

哈萨克族最早是苍天崇拜。这种苍天崇拜从匈奴可汗"撑犁孤涂单于"——"天之子"之称便可窥见一斑。其实，崇拜苍天是古代大多数民族共通的信仰，汉家皇帝也自称"天子"便是一例。

太阳教

哈萨克人也信奉过太阳教，或者说太阳崇拜。这一点，从乌孙王昆弥（也作昆莫，哈萨克语为"kunbi"，意为"太阳汗"）的称呼和乃曼太阳汗的称呼得以印证。

图腾崇拜

哈萨克人还信奉过图腾崇拜，这一痕迹迄今在哈萨克草原文化中有遗存。比如"巴合齐"——萨满，进行巫术、驱邪、占卜、祈雨等活动。《魏书·高车传》便记载了高车（康里）人的一次巫术活动：

喜致震霆，每震则叫呼射天而弃之移去。至来岁秋，马肥，复相率候于震所，埋羚羊，燃火，拔刀，女巫祝说，似如中国被除，而群队驰马旋绕，百匝乃止。人持一束柳棳，回竖之，以乳酪灌焉。妇人以皮裹羊骸，戴之首上，萦屈鬓发而缀之，有似轩冕。

当女巫作法时，将相率众人骑马驰百圈方止，场面十分壮观。

祆教

哈萨克人信奉过祆教，也称火祆教、拜火教，即琐罗亚斯德教（Zoroastrianism）。在人类处于陆路交通为主的时代，"丝绸之路"不仅仅是一条贸易商道，也是宗教、文化的传播通道。祆教正是沿着这条通道传播到哈萨克草原，《隋书·康国传》载：

> 康国者，康居之后也……米国、史国、曹国、何国、安国、小安国、那色波国、乌那曷国、穆国皆归附之。有胡律，置于祆祠，将决罚，则取而断之……国立祖庙，以六月祭之，诸国皆助祭。

讲述了康国人信奉祆教细节。及至亚历山大东征，琐罗亚斯德教在其发祥地波斯受到迫害，便通过中亚传向遥远的内陆，以致在相当一个时期对中原朝廷产生影响。

火祆教崇奉之神在北魏、南梁时被称为天神、火天神、火神天神或天神火神；到隋末唐初才称火祆，以此表示它是外国的天神。该教传入中国后曾受到北魏、北齐、北周、南梁等统治阶级的支持。北魏的灵太后率领宫廷大臣及眷属几百人奉祀火天神。北齐后主"躬自鼓儛，以事胡天"。北周的皇帝也曾亲自"拜胡天""从事夷俗"。唐朝在东西两京都建立祆祠，在这些祠庙中"商胡祈福，烹猪羊，琵琶鼓笛，酣歌醉舞"，极一时之盛。

> **知识链接** 1983年，伊犁河支流巩乃斯河畔曾出土一批窖藏青铜器，其中一件青铜器和阿拉沟塞人古墓所出青铜拜火教祭坛完全相同（此类青铜器在中亚七河流域多有发现），塞人将火祆教传入中国的史实再次为考古材料证明。

佛教

哈萨克人信奉过佛教。《魏书·西域传》载康国奉佛。《旧唐书·康国传》亦载康国"颇有佛法"。大乘佛教曾经在中亚一带盛行，及至伊斯兰教传入后衰落。大乘佛教传入中原有两条道路，一是沿塔里木盆地东沿，一是沿塔里木盆地西沿。现在的佛窟遗存便是明证。最终在敦煌汇集，再传向北方，复入中原。

景教

部分哈萨克人信奉过景教,即基督教聂斯托利派教派。景教是唐代传入中国的,又称波斯教、弥施诃教。公元428年聂斯托利派与当时作为罗马帝国国教的基督教正统派分裂后,日渐向东传播。约5—6世纪经叙利亚人从波斯传入中国新疆,7世纪中叶传入内地。景教在东罗马被视为异端,受到迫害。一部分追随者逃至波斯,得到波斯国王保护,成立独立教会,与摩尼教、祆教共同形成波斯当时的三大宗教,流行中亚。公元845年(唐会昌五年)唐武宗灭佛,所有西来的宗教都被禁止,景教遂趋绝灭。辽、金时期,景教在乃蛮、克烈、汪古(瓦克)等部中又颇为盛行。

汪古(瓦克)人多取基督教名,墓石刻十字和叙利亚文铭文,元代专设管理诸路也里可温(元朝对基督教的别称)总管府治理。克烈部王汗是景教徒,因此在13世纪,欧洲人认为他就是祭司王约翰。而汪古(瓦克)人阿剌兀思剔吉忽里的后裔阔里吉思,被罗马传教士誉为"他是印度的称为长老约翰的伟大国王的后裔"。罗马传教士与高唐王阔里吉思商量把拉丁文祷词全部译出来,以便在他管辖的领土内广为歌唱。在他生前,在他的教堂里经常按照拉丁仪式用他们自己的语文(弥撒的序祷和中心部分都用他们自己的语文)举行弥撒。阔里吉思王的儿子,取了这位牧师的名字为名,叫作约翰(《元史》记载为术安)。景教被《长春真人西游记》称为"迭屑"(按波斯语读音音译)。而哈萨克族阿兰、可萨部人曾经也是基督徒。随着成吉思汗一统天下,他在中亚的两个分封汗国伊斯兰化,克烈部是最后的景教记忆,随后也将皈依伊斯兰教。但是,迄今在克烈部宰羊献上羊头时,要在羊额上用刀划开一个十字,显然这是景教留下的最后痕迹。

伊斯兰教

公元7世纪,先知穆罕默德创立伊斯兰教,公元8世纪初传入哈萨克草原,现今哈萨克斯坦的土尔克斯坦城,建有阿赫迈德·亚萨维清真寺,是突厥—哈萨克草原伊斯兰教圣地,被称之为"草原麦加"。

和蔼的哈萨克老人

伊斯兰教传入哈萨克草原，哈萨克人虽然接受了伊斯兰教，但将草原民族的风俗习惯与之融合，具有一些民族特色。

有些远古信仰会演变成民俗文化，与这个民族生活交织在一起。比如哈萨克老人在祈祷时常常会慨叹"oy Tangr！"意即"上苍啊！""Tangr Ala！""真主在上！"上苍或苍天概念迄今已成为一种文化潜意识抑或文化心理。

还有，拜火教习惯也有保留，比如迎娶新娘时，在新娘入门前让她跨过撒盐的火盆，并作祈福。

由于哈萨克游牧生活特点，除了在城镇村落建有清真寺，在游牧草原历来没有固定建筑可以露天进行聚礼等宗教活动。这样，伊斯兰教自然而然地融入了哈萨克草原。

哈萨克老人

第一章　族源历史　045

第二章
物质文化

哈萨克族具有丰富的物质文化。除了其独特的草原文明形态的物质文化,还有丰富的农业文明形态的物质文化、狩猎和渔业文明形态的物质文化,以及冶炼、手工艺、商业、饮食、服饰、居住、交通、风物特产、历史遗迹等极为丰富多彩的物质文化。

哈萨克族具有丰富的物质文化。除了其独特的草原文明形态的物质文化，还有丰富的农业文明形态的物质文化、狩猎和渔业文明形态的物质文化，以及冶炼、手工艺、商业、饮食、服饰、居住、交通、风物特产、历史遗迹等极为丰富多彩的物质文化。

居住环境与生态资源

我国哈萨克族聚居区——新疆维吾尔自治区北部的北疆辽阔地区，自然环境十分优美：有层峦叠嶂、林木参天的崇山峻岭；有我国第二大盆地准噶尔盆地；有灌溉渠系纵横、土地肥沃的农田；有水草丰茂、广袤优美的草原；有风景如诗如画、水质清澈的赛里木湖、喀纳斯湖、天池、乌伦古湖、艾比湖等湖泊；有伊犁河、额尔齐斯河、乌伦古河等水量丰沛的著名河流。伊犁、塔城、阿勒泰以及北疆其他地区自古以来就是哈萨克等各族人民繁衍生息的故乡。有气势雄伟、蜿蜒不绝的天山、阿尔泰山、塔尔巴哈台山、巴尔鲁克山、马依勒山、萨乌尔山、北塔山等山脉，峰顶终年积雪，成为滋润草原与绿洲、滋养城镇的立体水库。雪线以下生长着茂密的原始森林和丰美的高山牧场。在伊犁河谷有著名的新源县那拉提草原、尼勒克县唐布拉草原、特克斯县喀拉骏草原、巩留县库尔德宁草原、昭苏大草原、阿合亚孜牧场、夏

◀ 晨炊

秋收时节

塔河谷。在塔城地区有巴尔鲁克草原、塔尔巴合台山麓草原、托里县的玛依勒—加依尔草原。在阿勒泰山，从上阿勒泰到下阿勒泰，每条河谷都有丰美的草原，还有吉木乃县的萨乌尔草原。这些草原，是草原文化的孕育和发祥之地，也是草原文化赖以生存的传统畜牧业生产依托所在。

哈萨克族把天山北坡称为"耶凌喀布尔噶"。北疆地区有闻名于世的天山山脉及其支脉婆罗科努山，雄伟的阿尔泰山。在天山与阿尔泰山之间是准噶尔盆地。准噶尔盆地西部自南向北依次排列着加依尔山、巴尔鲁克山、乌尔噶沙尔山和塔尔巴哈台山。在这些气势雄伟、蜿蜒不绝的群山里，蕴藏着丰富的矿产资源，还有茂密的原始森林。在深山密林中，栖息着很多野生动物。

雄伟的东天山主峰博格达，巍然屹立在乌鲁木齐东面。世界闻名的旅游景点——天池就在博格达峰下。每年春夏旅游旺季，国内外无数游客慕名而来。

在位于西天山山脉，伊犁哈萨克自治州霍城县和博尔塔拉蒙古自治州交界处，有高山环绕的美丽的赛里木湖。在阿勒泰地区的福海县西北，有被称为天然渔场的乌伦古湖。

知识链接　乌伦古湖亦名布伦托海湖，面积952平方公里，湖内盛产鱼类。福海之名是1942年所定，史称乞湿勒·巴失湖（又作黑辛八石等，今乌伦古湖，即福海），元人刘郁《西使记》则音译为赫色勒巴实。

伊犁哈萨克自治州境内的伊犁河由喀什河、巩乃斯河、特克斯河三大支流汇流而成，流经昭苏县、特克斯县、巩留县、新源县、尼勒克县、伊宁县、伊宁市、察布查尔锡伯自治县和柯克达拉市、霍城县、霍尔果斯市境，注入哈萨克斯坦境内的巴尔喀什湖。额尔齐斯河发源于阿尔泰山南麓，由喀拉额尔齐斯河、库尔额尔齐斯河、克朗河、布尔津河、哈巴河、阿勒卡别克河、布列兹河等支流汇流而成，向西流入哈萨克斯坦境内，经过斋桑泊，汇入鄂毕河，最终注入北冰洋，是我国唯一一条流入北冰洋的河流。额敏河发源于乌尔噶沙尔山和塔尔巴哈台山之间，由东向西流经额敏县、塔城市境，至巴克图以南流入现今哈萨克斯坦境内的阿拉湖。乌伦古河发源于阿尔泰山东麓，由青格里河（亦称青河）和布尔根河汇流而成，自北向南而后转向西北，注入乌伦古湖。（应是今日布仑托海，亦即福海。）

额尔齐斯河支流布尔津河源头有美丽的冰川纪遗迹喀纳斯湖，海拔1 370米，是今日万众瞩目的负有盛名之高山湖泊。美丽的喀纳斯湖其实是古代地质变迁形成的堰塞湖，周边植物繁多，不胜枚举，大多入药，迄今一些植物尚未被学者著述所穷尽。

北疆地区四季温差很大，准噶尔盆地冬季严寒，夏季酷暑；阿勒泰冬季漫长寒冷，有些地区最低气温达-40℃~50℃。伊犁河谷年降水量在200~300毫米（有些年份会超量），气候温和，雨量充沛，宜农宜牧，盛产水果蔬菜。

农家
▼

动物资源

在北疆地区的深山密林里，还有黑熊、棕熊、雪豹、猞猁、狼、狐狸、马鹿、盘羊、野山羊、黄羊、雪鸡、山雉、松鸡、野鸡、石鸡、水貂、旱獭、鼯鼠、鼠兔、旱龟、蜥蜴、水蛇、蝰蛇、草原蝰、北极蝰等动物和珍禽。

北疆地区的河流和湖泊水产资源十分丰富，盛产鲤鱼、鲟鱼、白鲑、哲罗鲑、五道黑、乔尔坦，还有鲵鱼等。

牧业资源

巴里坤哈萨克自治县，其自然环境适宜传统牧业。巴里坤东境伊吾县，南沿天山山脉属哈密市所辖，西与木垒哈萨克自治县相衔，北部为中蒙交界之处北塔山境。巴里坤为东天山北麓的高山草原盆地，平均海拔在1 650米之上。巴里坤湖自古有记载，意即"虎海"，在哈萨克语中称"Barkol"，古称蒲类海，是咸水湖。

木垒哈萨克自治县，位于新疆东北部，准噶尔盆地东南沿。雄伟壮丽的东天山主峰博格达横亘于自治县西南部，东天山山脉由东向西延伸，峰峦叠起，雄伟壮丽。山顶终年积雪，雪线以下森林茂密，山麓绿草茵茵，山间夏秋牧草丛生，像五彩缤纷的锦绣。北疆地区特别适合于牧业和农业。

牧歌

哈萨克族世代驯养、培育出哈萨克马（伊犁马）、哈萨克牛、哈萨克羊（大尾羊）等独特品种。塔城地区裕民县的巴希拜羊和阿勒泰大尾羊负有盛名。大尾羊的特点是生长发育快，长膘能力强，体型大，肉、脂含量高，抗严寒，耐粗饲。两千多年前，汉武帝曾赞誉伊犁马为天马、西极马，并称"神马当从西北来"。哈萨克族人民世代生活的天山山脉和阿尔泰山、萨吾尔山、加依尔山、巴尔鲁克山是我国五大牧场之一。这里雪峰林立，河谷、盆地交错，土壤肥沃，水草丰美，在特定的地理环境中，哈萨克人早已总结出一整套基本生产生活模式。他们逐水草而居，视季节变化，迁徙到最适宜放牧的牧场，分冬夏春秋牧营地。也有部分哈萨克族人兼营农业。狩猎也是哈萨克族牧民历史上生活来源的一种补充手段。哈萨克牧民放牧的牲畜主要有骆驼、牛、马、绵羊、山羊。哈萨克人骑马，食马肉，喝马奶，用马皮制品，马在哈萨克人民生产生活中占有重要地位。哈萨克人用于生产中的牧羊犬、猎犬和猎鹰、鸢、鹞也特别广泛，它们是牧民生产生活中的助手。

植物资源

在辽阔的北疆地区，森林是重要资源之一。分高山森林、河套次生林、沙漠植物群等。高山森林有针叶林，多为云杉、雪杉、红松、落叶松、侧柏等珍贵树种。阔叶林有白桦、山杨、雪柳、花秋树、杜仲等；野果类有核桃、苹果、杏、稠李、山楂、醋栗等，还有漫山遍野的野草莓，高山酸秆子（大黄），密林间的悬钩子（马林果），植物品种繁多。河套次生林多为杨树、柳树、沙棘、灌木、蔷薇类等。沙漠植物有沙枣、榆树、胡杨、红柳、梭梭等。

在水草丰茂的天山山脚地带，养蜂业较为发达，伊犁黑蜂是特有蜂种。

◀ 黄金大道

我爱我家

北疆地区还产多种名贵药材，如雪莲、贝母、大黄、大芸、甘草、龙胆草、乌灵脂、党参、百合、冬虫夏草、阿魏等等。

矿产资源

北疆地区，特别是伊犁哈萨克自治州直属伊犁，所辖塔城、阿勒泰地区矿藏资源十分丰富。这三个地区都有煤矿，还有金、银、铜、铁、锡、铅、铀、钨、锂、镍、铌、硫黄、云母、水晶、宝石及其他有色金属和稀有金属。伊犁地区新源县铁矿质量优良，部分铁矿含铁量达60％。

阿勒泰地区矿藏资源极为丰富，尤以盛产黄金、宝石著称。"阿尔泰"一词在哈萨克语中，意为黄金，在汉文古籍中多称它为"金山"。昔日，阿尔泰山"金客云集"，新中国成立以来，尤其是改革开放以来，阿勒泰地区的采金业得到迅速发展。阿勒泰盛产珍贵的猫眼石、海蓝宝石和丁香玉石等。猫眼石、海蓝宝石晶莹剔透，璀璨夺目，晶体中呈现出一道猫眼似的细光芒，俗称"恬光"，是宝石中的上品。丁香紫玉石，色如紫丁香，质地细腻，是玉雕的好材料。此外，还有青河石，其色翠透明；有额尔齐斯石，为白色半透明自然晶体。富蕴县的铍、锂、钽、铌、铯、铷、铪等82种稀有金属矿藏储量居全国之冠，该县可可托海（意为绿色河湾）三号矿被称为"天然矿物博物馆"。在三年自然灾害时期，向苏联偿还债务时，就这一个矿区所产矿石输出，占整个还款额度的47%，足见这里稀有金属宝藏蕴含丰富。

伊犁奇石近年来声名鹊起。伊犁河谷地质结构复杂多样，为伊犁奇石的孕育创造了有利的地质条件。除了国内享有盛誉的高岭石即"伊犁奇石"外，近年来，还发现了伊犁天山青、阿合亚孜墨玉、夏塔碧玉、草花石、察布查尔海洋生物化石、新源天山碧玉、特克斯碧玉等多种优良石种，吸引着奇石收藏界的眼球，极大地丰富了奇石宝库。

在准噶尔盆地的边缘，在昔日的哈萨克人的冬牧场，发现了硅化木，已经成为新疆的一大特色。

随着改革开放和新疆发展地方经济，这些年各地都有新的矿种开发。而各种石材更是数不胜数。无疑，保护自然生态和防治环境污染也提上了议事日程。

星象历法

哈萨克族的传统星象历法，是伴随着草原游牧生活产生的。

哈萨克人作为游牧民族逐水草而居，生产、生活、生存方式有其客观的时令性。何时接羔、何时剪毛、何时抓膘、何时分圈、何时出栏、何时配种、何时烙印、何时驯马、何时储草（打草）均有其严格的季节时段，远古是要看着星座和行星方位变化分辨的。四季转场、远程迁徙需要跋山涉水，方能前往陌生之地。白天可以根据太阳判断方向，夜间只有星座才是路标。更何况发生征战、行军同样需要辨别方向。这些星座和行星既是夜间行路征程的坐标，以确定准确的方位，也是他们判断时辰的客观依据。

看星象辨时辰

自古哈萨克人熟悉赤道以北、北回归线以上的星座和行星，并由此产生了诸多关于星座和行星的神话、传说、故事、歌谣，还给星座和行星命名。北极星被称为"铁桩星"（tiemirkhazekh），北极星旁边的两颗星被称为白马（akhbozat）和青马（kokbozat）。北斗七星称之为"七个强盗"（Jeti Kharakhxi），是哈萨克人的天文时钟。夜间，哈萨克人就是根据北斗七星的方位来判断时辰。

夜里，守夜的牧人看到启明星升起，便知道天就要亮。哈萨克人把火星称之为"红星"，彗星称之为"尾巴星"（Khuyrekhti Juldiz），双子座称之为"孪生星"（Egizder），也作"门槛星"（Bosagha）、"明星"（Xokh Juldiz），木星称之为"屠驴星"（Esek Khirghan）。有一个传说，古时有一个赶驴者，误将木星认作金星，以为天就要亮了，于是放开驴群睡去。其实此时是深夜，他的驴群被狼群屠吃。由是，哈萨克牧人将木星称之为"屠驴星"，留下这个传说。

看星象还要分季节

冬天，夜长昼短，因此，哈萨克牧人看到金星升起，便要将牧放的羊群赶进羊圈。夏季，水星出现，哈萨克人将水星称之为"小明星"（Kixi Xolpan）。水星的出现意味着伏天已过，暑热退去。哈萨克人便会说，天秤星出，黎明凉爽，麦粟成熟。哈萨克人把天狼星称作"宿木别列"（Sumbile）。天狼星出现，便是夏令已过，对家畜有害的虫蝇即将死去，哈萨克人会说："出天狼，水变凉。"开始收割麦子，打草贮冬，积累柴薪，做过冬准备。

昴宿星被哈萨克人称之为"乌尔凯尔"（urker），哈萨克人看着昴宿星来判断季候。根据长期观察和经验积累，哈萨克人明了昴宿星与月亮在同一条线上运行。当月的朔日，天气会有变化，比如刮风、下雨、落雪等。如果这一天没有风和雨雪，当月则不会有大的气候变化。临近秋季时，昴宿星会显得很低，预示着秋天即将来临。而5月底6月初，见不到昴宿星，哈萨克人认为昴宿星落地了。昴宿星不落地，天气不会热，昴宿星落地40天，这段时节被称为夏季（即三伏天）。哈萨克人称，这40天是一年中最为关键的时节。昴宿星若落入水中，这一年会多雨；落在干旱之处，则会多风；落在石上，会是酷暑。当40天后再看到昴宿星时，植物开始结果实，根须不会再往下扎。

哈萨克人根据昼夜循环，月亮亏盈，四季交替，确立了自己的星象历法，由此确定何时在春牧场，何时迁往夏牧场，何时到秋、冬牧场。何时剪羊毛，何时配种，何时种地，何时打草等各项生计，都要根据星象历法来决定。一旦违背时令，犯了讹误，会直接造成经济损失。如果畜群交配过早，会在早春冰天雪地产羔，幼畜成活率低；交配过晚，气候对母畜影响过大（也包括母畜的生理天性自我保护），怀胎率降低，即便怀胎，来年产羔期晚，影响成活率。

星象历法

哈萨克族星象历法有月历（阴历）和日历（阳历）两种。哈萨克人把日历（阳历）称为"星历"。

自古相传的十二生肖历在哈萨克族日常生活中起着重要作用，哈萨克人都以此计年，每年用一种动物名称命名。十二生肖分别是：鼠、牛、虎、兔、龙、蛇、马、羊、猴、鸡、狗、猪。据传说，当年确立动物生肖排序，是在伊犁河边进行的，让所有动物游过河去，以先游到对岸者取舍。结果，老鼠第一个游过伊犁河，所以排序第一位。骆驼因为自信个儿高块头大，不慌不忙地来到伊犁河边时，十二生肖已经确立。骆驼虽然鄙视老鼠排序第一，但是在哈萨克民间也自此落下笑柄：骆驼自信个儿高，却未能进入十二生肖。

> **知识链接** 在哈萨克族皈依伊斯兰教以后，为了尊崇伊斯兰教教规，将十二生肖又排序为六洁六不洁，即十二生肖中六个动物为清真之物，六个动物为非清真动物。于是，十二生肖传播到伊斯兰教世界时，排序不变，但动物名称有所变化。即鼠、牛、虎、兔、蜗牛、蛇、马、羊、鱼、鸡、狗、猪。其中，清真六物为：牛、兔、马、羊、鱼、鸡；非清真六物为鼠、虎、蜗牛、蛇、狗、猪。

每年的3月21日（即春分日，昼夜长短一样），是辞旧迎新之日，哈萨克人在这一天要过"纳吾热孜节"（即春节），举行庆祝活动，迎接新的一年。作为草原经济核心，产羔季节正是从春分开始。

哈萨克人把一年分为四季十二个月，三个月为一季，称之为托克桑（即九十天），七天为一个星期。

根据哈萨克民间星象历法，哈历一月，即阳历三月；哈历十二月，即阳历二月。每一个月份都有专称。

一月：纳吾热孜（Nawrez，三月）。

二月：阔克柯（Kokek，四月）。

三月：玛么尔（Mamer，五月）。

四月：昴宿木（Mausim，六月）。

五月：希勒得（Xilde，七月）。

六月：塔姆兹（Tamiz，八月）。

七月：科尔克玉叶柯（Kherkuyek，九月）。

八月：喀赞（Khazan，十月）。

九月：喀剌夏（Kharaxa，十一月）。

十月：杰勒托克散（Jeltokhsan，十二月）。

十一月：康塔尔（Khangtar，一月）。

十二月：阿赫班（Akhban，二月）。

生产习俗

草原文明

《中亚简史·高地亚洲》称：公元前第三个千年（可能还包括第四个千年），在南俄草原和西伯利亚西部无疑有一可能属于印欧系的草原文化，是这些草原部落首先学会了骑马，之后西南传入高加索和伊朗，东南则传入中国。这些草原部落不知文字，是他们创造了可称为游牧民族艺术的古老动物纹样艺术，把原先在兽皮上或木头上做成的形式移到青铜上。事实上，这些

哈萨克人的传统生活离不开牲畜

游牧的斯奇提亚人，正是哈萨克人的先祖。

哈萨克族的畜牧业生产起源很早。阿勒泰草原、塔尔巴合台草原、天山山脉和伊犁河流域的广大地区，就是古代哈萨克族诸部落和部族游牧生活的地方。

哈萨克人根据不同地域的气候和水草情况，会有相对固定的春、夏、秋、冬四季牧场。有些地方的春秋牧场是同一片草原。夏牧场多为气候凉爽、水草茂盛的地方，分布在高山、大河、湖泊周围地区。春牧场和秋牧场主要是在前山襟麓地带及荒漠、半荒漠地区，放牧停留时间仅有两个月左右。只有冬牧场停留时间最长，至少4个月以上，有些地方会长达半年。

哈萨克族各部落都有自己固定的四季牧场，别的部落不能侵占。这些牧场都是由各部落的头人、元老和比官开会协商而划分的，外人不能随意更改。选定了牧场，哈萨克人就要转场放牧。一般来说，一年当中大的转场有四次，小的转场就会更多，有时在夏牧场内也要搬迁好几次。在转场时，每个部落都有自己转场的既定路线，以防止羊群混杂引起纷争。

哈萨克人放牧的牲畜主要有羊、马、牛和骆驼。在哈萨克民间流传这样一句谚语："人是依靠牲畜来生存的。"这些牲畜不但可以当役畜，还为哈萨克人提供了肉食和奶食来源，其皮革、绒毛、骨头、犄角和蹄子可用来制作毛毡、服装、马具和各种生产生活用品等。所以没有畜牧业，也就没有哈萨克人的传统生活。

冬季的游牧（乌塔尔——即欧脱）

> **知识链接** 哈萨克人认为每一种牲畜都各有其非常独特的神灵。主宰马的神灵叫"坎巴尔"(Khambar),主宰牛的神灵是"赞格巴巴"(Zangge Baba),主宰羊的神灵叫作"巧潘阿塔"(Qopan Ata),而主宰骆驼的神灵则被称为"奥依斯尔哈拉"(Oysirghale)。哈萨克人尊敬这些神灵,希望在这些神灵的护佑下,各自的畜群能繁衍壮大。

哈萨克人对这些牲畜的喜爱之情还体现在会用家畜幼崽的称呼作为孩子的昵称甚至是正式名字。比如驼羔,哈萨克语称为"波塔"(Bota),马驹称为"库伦"(Khulin),刚产的羊羔成为"阔孜"(Khozi),会被用来昵称孩童。而公牛被称为"布哈"(Bukha),公鹿称之为"不合"(Bughi),大羊羔称之为"托赫特—脱脱"(Tohti),用来做男子名字。《元史》及元代文献中屡见不鲜的"脱脱",就是"Tohti"的音译,"不忽""不忽木"是"Bughi"的音译。

春天是万物复苏的季节,草原上的生产也正是从春天开始的。

接羔 接羔是哈萨克族草原生产生活中最重要的一环。每年春天,正是哈萨克族所牧养的四畜(驼、马、牛、羊)产羔季节。尤其牛羊产犊产羔均要由牧人悉心照料,方能确保一年的生产生计。

阿勒泰大尾羊

骒马生驹一般都要远离人的视线,在僻静处生下驹子,自己照料,所以牧人只需适时寻回产驹的骒马和小马驹便可。骆驼两年一产羔。

挤乳 当接完羔后,由于牛羊的初乳(Wuez)极为珍贵,富含营养,挤初乳、饮初乳,便成了草原生活的鲜活内容,也是滋补调养老幼和患者的最佳时机。当然,初乳会让壮者更壮,远离病魔风寒。初乳期过后,牛、马、羊、驼便进入常态产奶期,于

挤马奶

是，牧民家家户户便以挤乳作为每天的生产生活内容。牛羊一日早晚各挤一次奶，马驼不限。

加工马奶

制酪 牛奶用来提取生酪（Qykikhaymakh），由此提取奶酪（Kilegei）、酥油（Sarmay）。牛奶煮熟后，人可以饮用，也可以兑奶茶喝。剩下的熟奶可以制作酸奶（Ayran），喝剩的酸奶可以泌去水分，制成酸酪（Khatekh），酸酪还可以捏成小圆饼形，晾干便是酸奶疙瘩（Khurt）。另外，牛奶可以直接煮成鲜奶酪（Erimqik），制成清酸奶（Erkit）饮用。

马湩 马湩（Khmiz）便是马奶发酵制成。马奶、骆驼奶（Qubat）不能煮熟，只能生着发酵，然后捣制而成，成为清凉可口的上等饮品和补品，略有酒力，如果放点天然植物雪凌花的根——马钱子（Kuxala），酒力更胜。钦察人在跟随元世祖忽必烈征伐途中，依然挤制马湩享用。因了饮马奶，所率钦察万人队被称为"哈剌赤"军，翻译过来，便是"黑马奶军"。《元史·铁迈赤传》又载，出自现今哈萨克葛逻禄（合鲁）部的铁迈赤，最初在忽兰皇后帐前做侍从，被命为挏马官，也就是专门捣制马湩的官员。《宋史·孟珙传》亦有与元人"酌马湩饮之"的记载。有的文献直接音译为"忽米思"。

烙印 在春季为新产的羊羔割耳留印。各家对各自的羊羔耳朵上的切口各有讲究，切口不同、切法不同，不能相混。同时，对满三岁的小马和小牛，通常会将烙痕印在左臀。过去是以氏族部落为单位，在自家的牛马后臀用烧红的族徽烙铁加印。这种生产习惯自古有之，《魏书·高车传》云："其畜产自记识，虽阑纵在野，终无妄取。"

劁畜 劁畜是初到夏牧场后必须进行的生产程序。此时春羔已经长成形，且已长途跋涉到了夏牧场，可以逍遥自在地食用草原百草，饮用甘泉，长体抓膘。除了可以留作种畜公羔，其他的一律劁势。公羊羔当年劁势，公牛、公马、公驼，均在长足三岁后的第一个春天劁势。这样有利于羊羔抓膘出栏，有利于马、牛、驼长成后驭使。

兽医 哈萨克族在千百年来的游牧生活中，积累了一套相对完整的兽医经验。对于治疗马、牛、驼、羊各种常见疾病均有秘方、偏方。对于积瘦的牛，抓一条活蛇，砍去蛇头，从牛鼻孔中直接插入食道，不出一个月，牛就会皮毛色泽鲜亮，变得壮硕起来。对于中暑的马，采用放血治疗十分有效。元末明初文史学家陶宗仪在其《辍耕录》中还记载了"西域奇术"，即"开刀治病，治马疾"。

配种 配种在畜牧业生产中是发展生产的重要手段。四畜孕期和产期各不相同，所以牧人会精心管理畜群配种。

药浴 每年春天，都要对绵羊进行药浴，以防止绵羊在夏天生皮癣，影响羊毛产量和抓膘。

驯畜 每年春上，牧人们还有一项工作务必完成，就是驯服大畜。每年都有一批新的牛马驼等大畜长大，如不乘着春乏之际将其驯服，那就会野

骑手

性十足，不会让人接近，更不要说驭使，这样会影响将来的生产生计。所以，春天驯服烈马牤牛，更是那些草原男子汉们一显身手的大好时节。

剪毛 剪毛是哈萨克族草原畜牧业生产中的重要一环。每年春上，在接完春羔迁往夏牧场前，哈萨克人都要剪一次羊毛，以便在山前地带出售羊毛，换取在夏牧场的生活所需。剪羊毛是男子汉们显示本领的大好时机，他们之间会进行竞赛，看谁剪的羊毛又好、又快、又多，且不能剪伤羊只皮肤。被剪伤的羊，伤口最容易招引蝇孽生蛆，影响羊只长壮。当然，传统的哈萨克羊秋季还要剪一次毛，一年两收，不过个体产量相对要低，毛质要粗。后来引进繁殖和培育的细毛羊，产毛细密，个体产量高，但一年一收，即在春季。

理鬃 理鬃是指打理马鬃马尾。马鬃马尾在草原经济时代，是最主要的生产生活资料之一。用马鬃搓制的鬃索，是草原上迁徙时用役畜驮运的最好也是唯一的刹绳工具，也是放牧时用来作套绳等用具。所以，牧人们都会在春季打理马鬃马尾。但是，大多会剪用牝马的鬃尾。而且在修剪方式上会将成年牝马和小骒马之间加以区别，让牧人们在很远的地方，目之所及便能一眼区分出来。通常不会将种马或坐骑的骟马鬃尾剪去。

拾绒 拾绒是指拾取驼绒。驼绒一般都是在骆驼自然脱毛更替时，由牧驼人揭取或拾取。驼绒可以做衣服里子，轻巧保暖。哈萨克人尤其喜欢用驼绒给幼儿和老人做过冬的小袄、坎肩等。驼绒还可在哈医中入药，对跌打损伤有绝佳疗效。用驼绒蘸以盐水，敷于跌打损伤处，能够迅速消肿止痛。

屠宰 屠宰是草原生产习俗中不可或缺的一环。传统的哈萨克男人，每人务必身佩一把折扣刀，随时随地用于生产生活之用。比如在草原上牧放，突遇羊只患病或遇被毒蛇咬伤，或被山坡上的滚石击中，需要立即屠宰（因为

宰羊
▼

哈萨克族信奉伊斯兰教以后，不吃自死的动物肉，不吃动物血），便可立即屠宰。因实行过割礼，每一位哈萨克男子都有屠宰权。当然，凡遇红白喜事，哈萨克族都要宰牲。而每年冬季来临，哈萨克族都有冬宰习惯，即，要宰牛宰马，熏制过冬的肉食。屠宰时，通常就是一把刀解决问题，宰羊宰牛宰马宰骆驼，均以骨节处分解，不用斧子或其他利器。千百年来，草原上的哈萨克男子人人身怀庖丁解牛的绝技。

过数 过数是每一位牧人必备的基本功，无论男女都必须具备。每天傍晚，羊群归圈时，牧羊人便要将羊群数一遍。那活蹦乱跳的羊只，不会乖乖等着你一只一只地过数，有圈的牧人会打开圈门，一五一十地过数让羊群入圈。夏牧场上没有羊圈的牧人，会让家里人帮助吆赶，自己过数。牧放一天，归圈的羊群是否够数，心里一目了然。清晨，在羊群离圈时，也要过一遍数，这样心里清楚有多少只羊出圈，一天的生产生活也就此开始。

◀ 冬牧

农业文明

哈萨克族也从事灌溉农业。不同地区的哈萨克人根据不同气候条件，种植小麦、大米、玉米、小米、黍子、荞麦等农作物；种植胡麻、向日葵、油菜、花生等油料作物；种植苜蓿、燕麦、豌豆等饲料作物；种植土豆、大蒜、洋葱、胡萝卜、西红柿、圆白菜、南瓜、辣子等蔬菜作物；种植苹果、杏子、桃子、梨、李

第二章 物质文化 063

子、樱桃、石榴、葡萄、西瓜、甜瓜等瓜果；种植甜菜、烟叶、红花、棉花等经济作物；也种植林木、花卉。《魏书·西域传》便载，康国气候温宜五谷，勤修园蔬，树木滋茂。

养蜂 哈萨克人也从事养蜂采蜜，养殖的蜂种有伊犁黑蜂，属于我国保护蜂种，产蜜量高，蜜质味美甘醇，营养丰富，芬芳四溢，是天然补品和营养品。副产品蜂胶和蜂王浆，更是特产。《旧唐书·康国传》载，康国人"生子必以石蜜内口中，明胶置掌内，欲其成长口常甘言，掌持钱如胶之黏物"。这便是蜂蜜和蜂胶。

饲养家禽 哈萨克人喜欢饲养鸡、鹅等家禽，也养鸽子。

狩猎和渔业

狩猎 狩猎不仅仅是个体生存行为，也是群体生存行为。但是，在古代及至中世纪，在包括现今哈萨克各部落在内的北方草原民族中，狩猎更是一种亚军事行为。通过狩猎来训练士兵（因为那时但凡12~60岁的男人自然都是士兵——平时是牧人，战时是军人），提高实战能力和群体合作协调能力。当然，狩猎也是

驾鹰而出
▼

那些汗王和苏丹们的享乐行为。直至近当代，狩猎也是展示哈萨克男子英勇和胆略的行为，仍有许多男子兼事狩猎，并有完整的狩猎文化。另外，在那时，狩猎也是为主从国朝廷纳贡貂皮裘衣所需。随着当代社会动物保护意识的提高，法律的渐臻完善，狩猎与狩猎文化已经渐行渐远，逐渐成为一种历史记忆。但是，在阿克塞哈萨克自治县等地，开设有国家批准的国际狩猎场，为国内外狩猎爱好者依法提供狩猎服务。

渔业 渔业也是哈萨克族的一种生存方式之一。在我国的阿勒泰地区额尔齐斯河、乌伦古河流域和乌伦古湖的哈萨克人中，就有丰富的渔业文化。据民间歌谣相传，生活在里海沿岸的哈萨克人闺女出嫁到北方草原地带的哈萨克人家时，所唱的哭嫁歌便是哀怨自己将要离开飘着鱼香的家乡，远嫁充满羊膻味草原深处去。

冶炼技术

青铜 哈萨克族的先祖是草原地带最早掌握冶铜技术的群体之一。1976年春天，考古工作者在新疆尼勒克县奴拉赛古铜矿坑遗址内，发现了一块白冰铜锭。经碳14测定，这块白冰铜锭距今已有3000年历史。之后，伊犁河谷陆续出土了一批青铜器，通过与奴拉赛铜矿发现的白冰铜锭相比较，考古工作者发现它们都是由奴拉赛出产的矿石冶炼而成。这是新疆境内保存最好、年代最早的一处铜矿遗址，包括采矿遗址和冶炼遗址，也是欧亚大陆上唯一的一处通过添加砷矿物来冶炼高砷铜合金的古矿冶遗址。

◀ 哈萨克小刀

哈萨克族的先祖当时的塞人已经认识到了铜与硫亲和的属性，掌握了利用火法冶炼生成硫化铜的技术，经过进一步冶炼得到含铜品位更高的铜锭。学界形成共识的，由西向东的青铜之路文化，正是从这里延伸。

> **知识链接** 所谓的冰铜就是铜与硫的化合物，根据其含铜量的不同，有白冰铜、高冰铜、低冰铜之分。

镶嵌红宝石带盖金罐

炼金 古代中国本不以金银为容器，王公贵族后来以金银作器皿明显受北方游牧民族影响，中国境内出土的金银器有些原本就是外来之物。因而为研究中西方文化交流提供了重要标本。中亚、西亚诸国和欧亚草原游牧人很早就开始在金银器制作工艺方面进行技术交流。单凭器物类型或纹饰，有时很难确定其文化属性。所以那些带有铭文，尤其带有胡语铭文的金银器标本显得弥足珍贵。这些年来的考古发现，在哈萨克草原大量出土金人、金冠、金铠甲、金器、金首饰、金腰带、金马镫、金鞍辔、金鞭饰、金柄刀剑、金刀鞘等金具，还有大量的民间使用的金银器、金银首饰等，这些足以印证哈萨克族炼金银技术源远流长。

锻铁 冶铁技术在匈奴与突厥草原起源很早。《北齐书·突厥铁勒传》载，突厥世居金山之阳，为蠕蠕铁工。东突厥土门可汗攻破蠕蠕，尽降其众五万余落，于是恃其强盛，求婚于蠕蠕主。蠕蠕可汗阿那瑰大怒，使人詈辱之曰："尔是我锻奴，何敢发是言也！"土门亦怒，杀其使者，遂与之绝，而求婚于魏。《北史·突厥铁勒传》也载突厥"世居金山之阳，为蠕蠕铁工"。《周书·突厥传》谓突厥"居金山之阳，为茹茹铁工"。《隋书·北狄突厥

老铁匠

传》称突厥"世居金山,工于铁作"。显然,锻铁当时已是一种部族行业。铁器替代青铜器、铁剑斩断青铜剑,便是一种历史的进步。

哈萨克斯坦学者苏莱曼诺夫·艾森·努尔噶里耶维奇,是一位著名的金属材料热处理专家,他解决了古代突厥人的剑为什么坚韧的淬火方法的秘密。据他研究,是在打铁的砧下放置一个能够发生震颤力的设施。于是,剑在打造过程中,能使金属元素活性结合得更好,从而形成一种韧性。这就是匈奴—突厥剑的秘密所在。

手工业

手工业在哈萨克民间占据重要一席,日常生活须臾离不开手工业的支撑。

擀毡 哈萨克人的日常生活与羊毛毡子息息相关。居所为毡房,铺用为毡毯,男士头戴毡帽,冬季脚穿毡靴,骑马鞍鞯也是毡子。擀毡是一项重要的生产活动。擀毡分弹毛、铺毛、浇水、压毛、擀毡、烫毡、晾毡等多道工序。

弹毛,即将适量的羊毛放置在干净的皮垫上,几个人围坐一圈,用忍冬木条不停地抽打羊毛,直至蓬松,去除杂质。接着把蓬松的羊毛均匀地平铺在芨芨草席上,这是铺毛工序。如果是用

做毡工序一:弹羊毛

做毡工序二：
铺羊毛

做毡工序三：
滚毡子

做毡工序四：
熟毡子

来做毡房墙幕的披毡，只需用白色羊毛铺就；如果是用来做室内地毯，则要用黑羊毛铺就，在其上还要将染好的羊毛按羊角图案或几何图案拼铺。然后是"浇水"工序，将烧开的开水均匀地浇洒在铺好的羊毛上，一边洒水，一边将草席一圈圈卷起，最后用草席将羊毛裹成筒状并用鬃索缠绕扎紧，由1~2人在前拽引，男女老少众人在后面顺向用脚踢踏，往复来回，约需2~3小时，这是压毛工序。之后便是最重要的"擀毡"工序，待羊毛压成毡子样后解开草席，再把生毡分段卷起，众人开始跪俯在草席边上，挽起双袖，以统一的节奏用胳膊搓压擀毡，而且要调换毡子两头擀，搓压好一段再往上卷一段，直至整张毡子擀成。"烫毡"则是将擀制好的毡子折叠成四方形，用鬃索扎紧，再用开水反复浇烫，把羊毛的油腻和渣滓彻底洗去。最后是"晒毡"，将烫好的毡子晒干透后，便可使用了。为做出各式花色的毡子，哈萨克族妇女还会"绣花毡"。她们可以在薄毛毡上用钩针和彩线按照绘制好的图案直接刺绣；或用各色布头剪出所喜爱的花纹，然后以彩色粗线镶边，缝绣在素色毛毡之上；或把擀好的毛毡，剪成各种纹饰，然后染色、缝绣拼接、缀连成片。

哈萨克人精湛的擀毡技术以及丰富多彩的花毡文化，使得哈萨克族的花毡被列入新疆维吾尔自治区首批非物质文化遗产名录，作为哈萨克族的文化遗产进行保护和传承。

金器加工　哈萨克族的金银匠称之为"则尔格尔"（Zerger），他们手艺高超。他们可以铁器镀金镀银，制作各种金银器物。运用自己高超的技艺，将金银以及宝石设计出精美图案，用来装饰马鞍、马衔、马鞍垫、马鞍带等。他们还用金银铜制作戒指、镯子、耳环、胸针、腰带、金钗等饰物，制作精巧，为哈萨克人的生活平添色彩。

◀ 镀金马镫

铁器加工　过去，哈萨克族每个部落都有自己的铁匠，被称为"铁米尔奇"（Temirxi）。这些铁匠的作坊是可以随时跟着部落迁徙转场移动。打铁多用木炭。除了打制兵器和生产工具，他们还打制生活用具，如马镫、马衔、马肚带扣、马掌、烙铁等马具；铁锅、铁炉、三脚架、火钳、锅铲、铜壶等生活用具等。还为乘马修蹄挂马掌，草原生活离不开铁匠和铁器制品。

木器加工　木匠，哈萨克人称之为"阿伽西奇"（Aghaxixi），其中专门制作毡房木制骨架的人被称为"乌伊奇"（Uyxi）。哈萨克人从房屋到交通工具，从劳动工具到生活工具，几乎离不开木制品。哈萨克族木匠可以制造双轮车、四轮车、雪橇、滑雪

◀ 木刻制品
——床

精致木勺
与木碗 ▶

板、鞍桥、托架等交通工具；制作木叉、耙子、木锨、木犁等劳动工具。还擅长将质地坚硬的树根、树干挖凿制作出各种木制用品，如衣箱、卧榻、柜子、摇床、方桌、木桶、木盆、木盘、木碗、木勺、捣马奶杵子、装炊具的木盒以及冬不拉、库布孜等乐器。哈萨克木匠的雕刻技艺十分精湛，在这些木制生活用品上精雕细刻出各种美丽的图案，还可以用羊角、鹿角、野山羊角和各种牲畜的骨头嵌制图案。

▲

银饰马奶盆和碗

皮革制品 革匠，在哈萨克语中称之为"帖尔奇"（Terixi）。哈萨克草原生活离不开各类皮革制品。古老鞣制皮革的原料是用发酵的酸奶掺以麸皮熟皮，其主要制作过程是——脱毛、熟制、加工制作。绵羊皮和猎获的狐狸皮、狼皮、雪豹皮等用来做过冬的皮

马鞍具 ▶

马奶袋 ▶

衣、皮帽、皮坎肩、皮手套等；牛皮、马皮用来做靴子、皮鞋或其他皮具；山羊皮、小牛皮用来包制马鞍或作储存捣制马奶子用的皮囊；牛、马等家畜皮制成马鞭、马鞍配具、奶品容器、皮腰带、皮绳等日常生活用品。

◀ 各种马鞍具

制皂工艺 传统制皂工艺其实掌握在每一位哈萨克族家庭主妇手中。在入秋时节，山上的萱麻长成或是河谷平原地带蓬蒿成熟、荒漠戈壁地带麻黄长成时，男主人会带着顶事的孩子去打下这些植物，晾干后收回，再由主妇们燃烧成灰，将植物灰用水煮成植物碱收藏。男主人会猎取獾或旱獭（这类动物富含脂肪），将其脂肪炼成油提取。有时，也会将自死的家畜脂肪割取炼油。于是，将贮存的植物碱按比例兑动物油脂，捏成肥皂，晾干使用。哈萨克人把自制的肥皂称作卡剌萨苯（Khara Saben），意为"黑皂"或"黑胰子"，使用起来既环保又对人体肌肤、头发具有养护作用。每家每户都会在初秋季节将一年使用的肥皂制好收存。

第三章
民俗风情

哈萨克族民情风俗丰富多彩，足以令人眼花缭乱，目不暇接。而且，像一枚活化石，记载着这个民族的文化历程和独一无二的特性。也由这些民俗风情，可以走入一个民族的心灵世界。

传统服饰

自古以来,哈萨克人对于服饰十分讲究。经过千百年的不断演变,哈萨克族的传统服饰款式种类繁多,图案花纹精美绝伦。身着传统服饰的哈萨克人,犹如夏日草原上盛开的鲜花绚丽夺目,折射出了哈萨克人的智慧和对美的追求。

服饰特点

哈萨克族的传统服饰具有鲜明的草原民族特色,反映了游牧民族的生产特点、生活风俗和审美情趣。

哈萨克族传统服饰体现了浓郁的草原游牧民族的风格。例如哈萨克儿童和少女的小帽子上都有一束猫头鹰羽毛,象征着勇敢、自信和吉祥。哈萨克人冬天的传统服饰多用羊皮、狐狸皮、鹿皮、狼皮、雪豹皮等动物皮革制作,起到保暖的作用。

哈萨克族传统服饰特点很明显。由于哈萨克人常年生活在草原,一年四季都要在高山草原放牧,所处之地冬天寒冷,夏天阴凉,因而哈萨克人不分男女老少一年四季都有戴帽子或扎头巾的习惯。

各种银饰腰带

哈萨克族被称为"马背上的民族",骑马是传统的哈萨克人必备的技能。因为以牧为生的哈萨克人日常骑马,所以哈萨克人的服饰大都宽大结实。在冬天放牧时,哈萨克族男子穿便于骑马的宽裆皮裤或棉裤,衣服和袖子都比较长,骑马时不仅舒服自在,而且不会受冻。

哈萨克人的传统服饰还具有部落特征。哈萨克族每个部落都有自己的游牧区域,也逐渐形成了每个部落各自的独特审美特征，这些特征也会在服饰上表现出来。一是不同部落的衣服款式都有变化，二是不同部落在服饰上的刺绣花纹和图案也不尽相同。

哈萨克族的传统服饰还体现了哈萨克人讲究辈分和身份的习俗，不同身份的哈萨克人，其服饰也会不同。这一特征在女式帽子上最为明显。

男子服饰

哈萨克族男子的传统工作是放牧和狩猎，需要他们长时间的骑马并在野外劳作。所以对哈萨克族男子的服饰要求就是结实耐磨，方便骑马，并能抵御恶劣的气候。

◀ 男装

帽子 哈萨克族男式帽子的种类很多，根据季节的流转会佩戴不同的帽子。在寒冷的冬日，哈萨克男子外出时佩戴的帽子多用动物皮毛制成，可以抵御风雪严寒，在野外放牧或狩猎时起到保护作用。帽子主要有图玛克和波尔克两种。

图玛克（Tumakh） 图玛克是最具哈萨克民族特色的男款冬帽。帽顶为四棱柱形，两侧有两个耳扇，后面有一个长尾扇。这种帽子制作很讲究，多用狐皮、貂皮或黑羊羔皮制作，外层用色彩鲜艳的缎子做面子，帽檐用优质的皮料做装饰，顶上再饰以猫头鹰羽毛制成的缨，显示出哈萨克男子粗犷的气质。不同部落的图玛克也稍有差别，一般阿勒泰克烈部落的图玛克较高，乃曼部落的图玛克较矮。

◀ 男式帽子

波尔克（Borki） 波尔克一般是伊犁地区的哈萨克族冬天佩

戴的皮帽。帽底部呈圆形，帽顶为拱形，帽檐上有动物皮毛，帽面上有各种精美的饰纹装饰。

塔黑亚（Takhya） 塔黑亚是哈萨克族男子夏天经常佩戴的绣花圆帽，有平顶塔黑亚和拱顶塔黑亚两种。这种绣花圆帽一般用黑、蓝、红、绿等平绒缝制，帽面上绣有简约大气的图案。

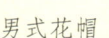
男式花帽 ▶

三角头帕（Xit） 在阿勒泰地区，哈萨克族男性牧民一般会在夏天剃光头，并扎三角布制的头帕，具有地域性特色。

哈勒帕克（Khalpakh） 哈勒帕克为哈萨克贵族和绅士们的重要头饰，象征着身份和地位。礼帽的种类很多，最常见的是达拉巴依礼帽、黑宰礼帽。为白色黑沿毡帽，多为长辈或在节庆时男士冠戴。

黑宰礼帽 ▶

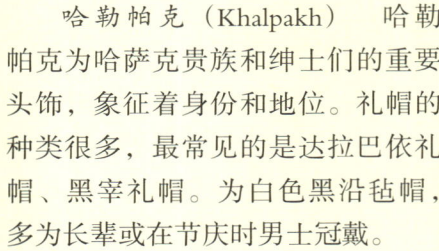

夏甫克与卡甫克（Xiapki Kap-ki） 夏甫克与卡甫克均是单帽，夏季里男子冠戴。

西拉发（Xilapa） 西拉发为礼帽，夏季里男士喜戴。

玛拉海（Malakhay） 玛拉海是男童冬天戴的帽子，无前檐后遮，只有两边护耳下垂，通常用白羊羔皮做成。

男式刺绣皮衣 ▶

服饰 哈萨克男子多用白布做衬衣和长裤，衬衣外加坎肩，坎肩外穿短上衣。上衣用条绒或毛布等布料缝制，领子和口袋等款式各有不同。有时会套上一件对襟、无扣、长及膝部的袷袢。下身多穿棉布或毛布裤，裤脚上多绣有花纹。到了冬天，哈萨克男子需要长时间在冰天雪地里骑马放牧或狩猎，所以他们的服饰大部分是用皮革制成，以抵御严寒。为了骑马方便，下身穿大裆皮裤或棉裤，上身再套翻领、对襟皮大衣或棉大衣。皮大衣和皮裤里层多用羊皮缝制，面子则选用质地厚实、耐磨、耐脏同时还能防雨雪的条绒等布料，款式简洁大方。有些在布面大衣里面内夹一层羊毛或驼绒，做成被称为"库普"的大衣，保暖且防雨雪。除了讲究保暖和实用以外，哈萨克人也将美的追求体现在服饰上。在哈萨克男子衬衫领子上、坎肩对襟处、短上衣、袷袢和裤脚都会绣上各种别致精美的图纹。

哈萨克男子还喜佩腰带。腰带的制作手艺各有不同，一般用牛皮制作，镶有金属花饰和各种装饰品。腰带左侧悬挂皮囊，存放各类杂物，右侧佩有小刀，便于随时使用。过去哈萨克族男子还戴戒指，上刻有名字，以作图章使用。

◀ 戒指

鞋靴 为了适应游牧生活，哈萨克男子穿的鞋、靴也多用皮革制成。为了骑马方便，最常穿的是高后跟、筒及膝盖的长筒皮靴。还有一种叫"萨普塔马靴"，即皮革制作的筒长过膝并可将

◀ 男皮袜

◀ 花靴

靴筒卷起的靴子。打猎时则穿包头低后跟的柔软轻便的靴子。老年人则喜欢穿柔软的皮袜鞋，没有脚后跟，外加套鞋。这种套鞋的外面用蓝色或其他颜色的布做出各种精美的图案。

女子服饰

哈萨克女子的服饰种类繁多。心灵手巧的哈萨克女子充分发挥自己的想象力和创造力，把对生活的热爱和对美的向往一针一线缝入服饰。传统服饰的款式不仅衬托出哈萨克女子婀娜多姿的身材，服饰上的精美绣花也展现了勤劳的哈萨克妇女精湛的手工和巧妙的刺绣技艺。

帽子 哈萨克族是一个讲究体面身份和辈分传统的民族。女子的身份也会体现在她的帽饰上。是待字闺中，还是新婚，是有了儿女，或已守寡，这些信息都会从女子的帽饰中透露出来。

托别太（Tobetay） 女式托别太为哈萨克族小姑娘和未出嫁的少女戴的帽子，呈圆形，帽壳较硬，一般用红、绿、黑色的绸缎做面，用各色丝线绣上精致的花纹，并用彩珠镶成各种美丽的图案，两侧会缀有各色串珠，帽子顶端饰有猫头鹰羽毛。

带羽毛的花帽

波尔克（Borki） 女式波尔克为未出嫁的哈萨克族姑娘佩戴的圆帽，用黑色或棕色天鹅绒缝制，帽壁绣花，顶上饰有猫头鹰羽毛，与帽檐相接的部位用各色珠串装饰，珠串之间镶有珠玉、流苏和玛瑙等。未出嫁的姑娘喜欢在辫梢添坠珠玉或金银锻制成的饰品，走起路来金属相互碰撞，叮当作响，十分悦耳。

带羽毛的花帽

萨吾克列（Saukele） 萨吾克列是哈萨克族新娘待嫁时戴的一种尖顶帽，这是从姑娘到媳妇的主要标志，也可以说是最美的头饰。中国古代文献将其称之为"姑姑"。帽面为绒或绸缎，绣满了各种图案花卉，并饰有各种金银珠宝，夏帽有宝石和流苏装饰，冬帽多为毛皮装饰。这种帽子还配有披风，是新嫁娘入门时的重要配饰，一年后则换戴花头巾。

克米谢克与什劳乌什（Kymexek Xilaowex） 克米谢克与什劳乌什是面幕和头巾，哈萨克人在皈依伊斯兰教以后形成的女性服饰，主要为老年妇女和少妇的重要头饰。一般生了头胎后就要开始佩戴。戴上克米谢

新嫁娘的萨吾克列

妇女盖饰

克，仅露出脸，头发、脖子和肩膀都要被遮住，尾叶垂及腰部以下。戴上克米谢克还要佩披什劳乌什头巾，与克米谢克组成一个完整的盖头。克米谢克一般用轻柔的白色细布或丝绸缝制，其额头和两腮边用各色丝线绣成精美的花卉图案，头巾左上端再佩戴金银制别针。什劳乌什上也有绣花和各类图案。

穿戴盖饰的妇女

哈萨克族不同的部落和地区、不同年龄的妇女，其克米谢克与什劳乌什的图案会有差异。年长者的花纹图案会显得稳重大方，而年轻者的花纹图案会鲜艳活泼。若是寡妇，则不能绣花纹，只能为素色。

◀ 姑娘服饰

◀ 姑娘服饰

裙装 哈萨克女子的传统服饰为裙装，以连衣裙居多。衣服多用白、红、绿、淡蓝、杂花色的绸缎、花布、毛纺织品、丝绒等为原料缝制。姑娘和少妇的连衣裙色彩艳丽，一般袖子上有绣花，下摆是多层的荷叶边百褶裙。裙子外穿紧身对襟坎肩或短外套。紧身坎肩起到保暖和御寒的作用，同时体现了人体美。坎肩上绣有精美的绣花图案，有时坎肩胸前还缀满了彩色的扣子、银饰、银元等装饰品。裙子配着绣花套裤。到了冬季就外罩短袄，外出时穿棉大衣或对襟皮大衣。中年妇女一般在裙子外穿长坎肩或长襟袷袢，外套的胸前和下摆用彩绒绣边，两边一般会配有两个衣袋。

哈萨克族女子喜戴金、银、铜或金属制作的手镯、戒指、耳坠、项链等，样式各异，制作精美。

鞋子 传统的哈萨克女子多爱穿迈斯（masi），这是一种皮制无后跟软靴，出门时套上开布斯（kebis）套鞋。富有家庭的女子会穿绣有花纹的长统皮靴。长统皮靴除了保暖之外，最主要的作用是骑马行进时，脚踝及小腿部不易被马具磨伤。

传统刺绣

哈萨克族刺绣在哈萨克族的日常生活中占有相当重要的位置,从手巾到服饰,从布袋到壁毯,从被罩到马具彩带,都装饰有精美的刺绣图案。

刺绣是哈萨克妇女最拿手的手艺,也是传统女性贤淑灵巧的标志之一。古时候,每个哈萨克女子从小学习刺绣,并要为自己刺绣嫁妆。她们运用自己的想象力,设计出各种精美图案,以巧手绣出,那些图案显出哈萨克妇女的心智和超凡才艺。

草原上的哈萨克巧妇在参加绣花竞赛

哈萨克族的刺绣一般都绣在各种布料、毡和皮革等面料上。基本刺绣方法有锥针绣、钩针绣、贴绣、点缀绣、珠绣、菱形绣、镶拼绣和绒绣等。其中,钩针绣、菱形绣、镶拼绣都属于简单刺绣;点缀绣、绒绣、贴绣等需要高超的技艺和心灵手巧,不同的图案有不同的绣法。绣制几何图案时一般是数着针脚的多少来刺绣。绣制羊角图案和其他图案时,智慧的哈萨克妇女会用盐和奶混合调汁,先在布料或衬底上勾勒出草木花卉、飞禽走兽、抽象纹饰的草图,然后用绣针或钩针沿草图精心绣制。有的刺绣用品上还会坠有宝石、碎珠、银元、饰针、流苏等各种饰物,增加了艺术品位。

绣制能手

一件精美的哈萨克族刺绣,要花数十个甚至上百个工日才能完成。一般一幅两平方米左右的壁挂,由一名心灵手巧的哈萨克女子绣制,也要一年时间才能完成。哈萨克族妇女的刺绣工艺巧夺天工,充分融合游牧部落民间图案的精华,形成哈萨克族独特的民族艺术风格,体现了哈萨克族独特的审美情趣。

小伙子们正在按照哈萨克族的礼仪,将以客人身份分好的连肉骨骼送上席

饮食文化

哈萨克人日常食品主要是面食,也食用大米、小米、玉米、大麦等。通常把小麦面粉做成包尔萨克(油炸果子)、馕(烤饼)、切勒撒克(油饼)、那仁、面片、汤面、疙瘩面等;玉米面、大麦面做成炒面等;小米制成杰恩特等。常用奶食、肉食。典型食品大部分来自畜牧业生产。

奶食

奶食文化是哈萨克饮食文化重要特征。哈萨克人把奶食泛称为"阿克"(Akh),意即"白",也由此,哈萨克人崇尚白色,即乳汁。哈萨克人珍视乳汁,严禁践踏、泼洒和浪费洁白的乳汁,赋予乳汁——白色神圣和生命的尊严。

哈萨克人最常用的是牛奶。由牛奶可以提取奶油,奶油可以打成酥油;煮过的牛奶结出奶皮,奶皮可以兑制奶茶,也可直接食用,还可兑焖小米饭;鲜奶除了饮用,可做多种奶食:爱兰——酸奶、酸奶疙瘩、干酪、奶渣、奶昔、奶糕等。

爱兰（Ayran） 爱兰是哈萨克语称呼，即酸奶。应当是在阿勒泰共同语时代流传至今的名词。由公元6世纪自鄂尔多斯高原西迁的不里耳人，在保加利亚迄今沿用爱兰这个名词；《元史·百官三》载，元朝专设"供进爱兰乳酪"的上舍寺这一机构。哈萨克人尤其喜食爱兰。其制作方法是，将煮熟的牛奶用特制酵母发酵而成。之前得将牛奶生置容器内以提取奶油，牛奶煮熟后提取奶皮，之后再予发酵制成爱兰。在家人食用新鲜爱兰之后，便将爱兰盛入布袋沥去水分提纯。

素兹别（Suzbie） 素兹别即爱兰的提纯物。当爱兰沥去水分后，剩下高纯度的酸奶渣，哈萨克人称之为素兹别。素兹别可以鲜吃，味美香醇。留下少许称之为卡特克（Khatekh），可以兑奶饮用，也可鲜食。剩下的可以随手捏成叶吉给（Ejigei），形状长条，带着五指挤捏痕迹，晾干可以食用或收存，以备过冬之需。

库尔特（Khurt） 俗称酸奶疙瘩。大量的素兹别即酸奶渣，用来兑盐做成酸奶疙瘩，其形状是厚圆，手工捏制。将捏制好的酸奶疙瘩放置在晾架上晾干。在夏牧场每家每户牧民门前都会以四根木柱和木条搭架，上覆芨芨草编席，晾架即成。于是，草席上可以放置酸奶疙瘩、叶吉给等待晾干。酸奶疙瘩可以存放很长时间，哈萨克人出远门、去远方打猎，或者去远方牧场放牧时，都会随身

晾干了的酸奶疙瘩

带上一些酸奶疙瘩。酸奶疙瘩不仅美味，还可以充饥。哈萨克族有这样一句谚语："六块酸奶疙瘩就是饭。"酸奶疙瘩因其脂肪含量低，还具有一定的食疗价值，用来补钙并预防高血脂、脂肪肝等。阿勒泰牧区的哈萨克人，直接将牛奶煮着提取酸奶疙瘩，不用添加盐巴。当整块放置晾架上及至晾干，随意切成小块彻底晾干，便可收藏过冬。

鄂尔木齐克（Irimqik） 鄂尔木齐克也称干酪，由牛奶直接煮沸提取。用特殊技巧将牛奶煮沸后，牛奶自然会分离为黄褐色的鄂尔木齐克和清黄色的液体——水分。将鄂尔木齐克提取晾干，即得干酪。干酪可以新鲜食用，也可放置存储过冬之用。

鄂尔科特（Irkit） 鄂尔科特是奶制饮料。将牛奶直接煮制后，盛入皮囊中继续捣制，可以饮用。在盛夏，劳作之余，品饮鄂尔科特是一种享受。

波扎（Boza） 波扎是将煮熟的粟子（小米）置入熟牛奶中发酵而成。饮用起来既可以稀食，也可以作饮品。但是，波扎略含酒精度，饮用过量足以醉人。

科列给（Kilegei） 科列给即是奶油。在工业化之前，传统的哈萨克人提取科列给——奶油的方式是，将新挤的鲜牛奶盛入盆中，放置一夜，奶面上便可聚起厚厚的一层奶脂，将其提取，便是奶油。奶油既可以涂在馕上食用，还可以泼在小米干饭上食用，味美甘甜。科列给（奶油）也是提取酥油的原料。

丰盛的哈萨克族传统饮食

卡伊马克（Khaymakh） 卡伊马克是煮熟的牛奶面上凝结的一层奶皮。奶皮可以揭下来直接食用，也可添加到奶茶里增味，或拌着主食享用。

萨尔玛依（Sarmay） 萨尔玛依即是酥油，是哈萨克人用奶油打制出来的食物，日常餐桌上必不可少。制作酥油的方法有几种：一种是将从生牛奶提取的奶油积攒起来，到了一定的量，便打制酥油。一种是先将牛羊的乳汁煮熟，再倒入皮囊中捣动一个时辰，使乳汁和油脂分离。乳汁与油脂分离后，油脂会浮在皮囊口处，取出油脂再过滤掉多余的水分和杂质，然后加入适量食盐调味防腐。通常要把酥油盛入剔净风干的空羊肚里保存。这样酥油可以长久保存，且不会变味。从牛奶提取的酥油是黄色的，从羊奶提取的酥油是白色的。

阔亦玛伊（Khoymay） 阔亦玛伊即是羊脂。哈萨克羊品种为大尾巴羊，尤以阿勒泰大尾巴羊为最。唐朝贞观年间，大尾羊就被作为贡品，进献朝廷，由此，人称大尾羊"体大如牛，尾大如盆"。《新唐书》上也有记载："西域出大尾羊，尾房广，重十斤。"一只羊尾巴少则可以炼出3~5公斤羊油来。羊油在哈萨克食品中用途广泛,既可以和面做馕、饼、包尔萨克（油炸果子）、切勒撇克（油饼），也可直接食用，或兑奶茶喝。哈萨克人炼羊油时，讲究将尾巴油和腹脂分开来炼，认为腹脂油属寒性，尾巴油属温性，有滋补食疗价值。由于羊脂的润泽细腻，中国传统文化将玉的极品誉为羊脂玉。

奶茶（Akh qay） 茶在哈萨克族的饮食中有特殊的地位，主要喝茯茶、砖茶、红茶。通常在茶中添加牛奶，兑成奶茶饮

◀ 敬奶茶

用。还可根据个人的口味偏好，在奶茶里加盐或加糖，添加奶皮子、酥油、羊油等。到了冬天，有些人家会在茶里添加丁香、胡椒等香料，茶的味道会更加浓郁。喝奶茶时，哈萨克人常伴之以馕、炒面、炒小麦、炒小米等，既解渴，又能充饥，还富于营养。哈萨克民间有一句俏皮话很形象："汽车行走靠的是油，哈萨克行走靠的是茶。"历史上在下阿勒泰山的哈萨克人中，也曾有过以虎耳草大而圆的叶子用来代替茶叶时期，取名为"柳兰"。由于哈萨克等北方民族对于茶的嗜好，历朝都设有茶政使等相关机构，专事边地茶马互市，以通茶政。

克木孜（Khemiz） 克木孜即马奶子（也叫马乳），哈萨克语音译也作忽迷思（Khemiz），《出使蒙古记》中便有此记载。二十四史中也多有记载，不同时期称为马酪、马湩、马乳等。哈萨克人

▲ 喝马奶

挤马奶 ▶

挤骆驼奶 ▶

喜饮马奶,把没有经过发酵的鲜马乳叫"萨吾玛勒"(Saomal),发酵捣制而成的马奶子就是"克木孜"了。马奶子略带酸味,微有酒香,清凉适口,沁人心脾。元代诗人许有壬形容马奶子是"味似融甘露,香疑酿醴泉"。马奶子营养丰富,含有多种维生素和大量钙质,有助于消化,其酒精含量仅1.5~3度,畅饮后常会让人陶然入眠。哈萨克民间常用马奶子治疗多种疾病,如肺结核、胃病和神经衰弱等杂症。

舒巴特(Qubat) 除了马奶子以外,哈萨克还钟情于另一种饮品"舒巴特"(Qubat),即骆驼奶。骆驼奶是用生驼奶经过发酵后酿制而成的一种高级饮品,为草原饮品之冠。制作骆驼奶的程序与马奶子相似。与马奶子相比，骆驼奶味道更为甘醇浓郁，且具有奇特的食疗和药用价值。

肉食

肉食文化在哈萨克饮食文化中独具特色。以游牧为生的哈萨克人多养马、牛、羊、骆驼等家畜。除了饮用乳汁，食用其肉也是重要生存方式之一。家畜的肉被食用，畜皮、畜毛、肠衣还有其经济价值，也为哈萨克人自身生活所用。千百年来，哈萨克人从牲畜饲养、配种、汰选、屠宰、烹制、食用，形成独特的生产和生活方式。而对家畜的宰杀、熏制、烹饪方法、待客礼仪等都有一整套独特的规则，形成了哈萨克族独特的肉食文化。

> **知识链接**　**礼遇**　哈萨克人十分好客，哈萨克人的肉食文化，体现在待客礼仪上。尊贵的客人来了，按其地位给予不同礼遇。旧时，如有国宾，将宰杀白骆驼。贵宾来临，给予宰杀小马的礼遇。亲家来了，要宰杀褐首白羊款待。望门投止的客人到了，也要宰一只羊羔。当烹肉上席时，讲究按家畜骨骼部位上肉，这是一种礼仪规矩。羊头要献给最年长者，羊胯要献给亲家或贵客，胸叉要献给女婿或儿媳，羊颈要献给羊倌，等等。

羊肉　哈萨克人喜吃羊肉，认为羊肉属温性，一年四季都可以屠宰食用。而山羊肉属寒性，只有在秋季的九十月份，在吃足

◀ 大锅煮肉

了成熟的苦艾后，其肉具有药用价值，才来享用。其他月份通常不吃山羊肉，认为寒性会让人发病。

牛肉 哈萨克人只有在红白喜事做筵席时，或冬宰时食用牛肉。通常不会宰食牛肉。

马肉 哈萨克人最喜用马肉。在红白喜宴上宰杀马匹，在过冬前冬宰时最喜宰用马肉。冬宰后，邻里、亲戚、朋友间将相互邀请品尝自家的冬宰肉，称之为Soghem Basi，意即冬宰之首。

烹煮的马肉待上席，肉上撒着鲜洋葱

熏肉与马肠子

骆驼肉 现在已经很少见为礼遇宰杀骆驼的事了。

禽肉 哈萨克人食用禽肉，比如鸡肉、鹅肉、鸽子肉等。

猎肉 食用猎物肉须符合伊斯兰教规的动物和飞禽。如野马、野羊、野兔、野牦牛、野鸽、野鸭、野鸡、山雉、松鸡、石鸡子等等。但是，随着动物保护观念和法律法规的确立，哈萨克人已经基本告别狩猎文明。

鱼类 沿河沿湖而居的哈萨克人，也会渔猎，食用鱼类。多以烤鱼、白水煮鱼、炖鱼方式食用。

特色菜肴

哈萨克人对肉食的制作方法也是多种多样，清炖、炒、烤都有特色。其中最富有特色的肉食品有手抓羊肉（清炖）、库乌尔达克、马肠子、奥特喀瓦甫等。

那仁（Narin） 那仁即手抓肉（羊肉、牛肉、马肉均可），也叫别希把尔玛克（Bexbarmakh），饭里既有肉又有面，是哈萨克人最常用的饮食。清炖手抓羊肉烹制时，将连骨羊肉从关节处解成大块放进锅里水煮，水沸后舀去浮沫，加入适量的盐，再用文火煮一个时辰便可食用。煮羊肉时，可以根据个人口味加入胡萝卜、土豆、洋葱等，营养更加丰富。羊肉煮熟后连骨盛入大盘或木盆，另将切碎的洋葱、西红柿等放入碗中泡上热羊汤（马肉汤一般不可饮用），使味道渗入汤中。再用羊肉汤下手擀面，煮熟的面盛在大盘中，按照礼仪分享骨骼，遂将肉切成小块覆在面上，将泡好的洋葱、西红柿汤汁浇在面上，搅拌均匀用手抓着吃。

◀ 那仁（手抓肉）

库尔达克（Khuerdakh） 哈萨克族一道传统烩菜，制作方式简单快捷，美味可口，适合牧民们在转场途中快速烹用。先将新鲜羊肉、洋葱切丁，用新鲜羊尾油爆炒，再添些许的水和适量的盐焖制。有时在"库尔达克"里会放些土豆，味道会更美。

喀孜（Khazi） 喀孜即马肠子。冬宰时先将马的肋条带肉分割成条，一匹马有24根肋骨，可以分割成24条，也可切割成12根连条，并用食盐涂抹之后灌入清洗备好的马肠子里，两头扎好，然后以侧柏枝条点烟熏制储藏起来。马肠子制作十分简便，只要白水煮熟即可食用。马肠子不仅美味，还具有药用价值，对降血脂、血黏度和呼吸道疾病有益。

◀ 熏制马肠

奥特喀瓦甫（Otkaowap） 哈萨克族一种古老的烤肉方法。将羊羔宰杀后剥皮，去头、内脏、蹄、尾，然后剔取颈、胸、腿等部位的肉切成小块，洗净放到嫩羊肚子（胃）里，放少许盐水，不放其他作料，把羊肚子扎紧埋在沙堆里，在上点柴火烤熟，烤制过程中既不用锅，也不用其他灶具，充分反映了哈萨克人民的智慧。

思尔涅（Sirnie） 思尔涅是将新宰的羊肉用这只羊的尾巴油在锅里焖制而成，不放一点水，全是用羊自己的油炖自己的肉，味道十分鲜美。

妇女们正在做灌肠

库尔玛（Khuerma） 库尔玛是将整只羊肉切成肉丁，拌上洋葱或沙葱，加适量的盐，炒熟后装进羊肚里（一只整羊正好盛进一个羊肚里），随身携带。古代骑士行军征伐，携带库尔玛便可作军粮。

烤全羊（Kaowap） 哈萨克人的烤全羊，是将整只羊用一根松木穿好，用松枝露天升火烤炙而成。如果是羊羔，可以连皮烤炙。松枝烤出的烤全羊，别样香甜。

面食

哈萨克人自古种小麦、小米、黍子、燕麦。后来玉米和马铃薯传入。南部哈萨克人也种植稻米。

馕（nan） 哈萨克人日常生活以面食为主，馕是哈萨克人最重要的食物。馕是用小麦面粉发酵制作，分馕坑馕、煮锅

刚烤熟的馕

(Tapa)馕、烤箱馕几种。打馕先是将发好的面粉做成若干圆饼,用柴火把馕坑烧热,再贴进馕坑壁上烤制。草原上的哈萨克人则用煿锅烤制,即将生面饼置入两扇平锅里扣住,埋入火堆里烤制。还有将面饼放进烤箱烤制的。

包尔萨克(Baoersakh) 包尔萨克即油炸果子,是哈萨克族传统美食。从词义学和语音学角度分析,应当是塞人(Sakh)时期流传下来的面食。意译过来为"亲人塞人"。哈萨克人的包尔萨克有两种,一种是擀面切成菱形切片油炸而成,伊犁地区居多;一种是将发面揉制成小圆团油炸而成,塔城、阿勒泰地区居多。

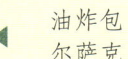

油炸包尔萨克

切勒撒克(Qielpek) 切勒撒克是由发面或死面制作的油饼,味道香甜可口。哈萨克人多用包尔萨克和切勒撒克款待老人和贵宾。在祭祀亡灵时,切勒撒克是必备的。

杰恩特(Jent) 杰恩特是哈萨克人的一种草原快餐。杰恩特是用炒熟的小米拌上酥油、蜂蜜或方糖捣制而成。可以盛入小皮囊随身携带,十分便捷。在古代征战、远出狩猎、抑或在旅途中,拴在马鞍后桥携带杰恩特,食用它甚至不用下马。

新炸熟的包尔萨克(油炸果子)

帕劳(Palao) 帕劳即抓饭。抓饭是用大米、胡萝卜、羊肉做成。先将胡萝卜、羊肉用油炒过,再倒入适量的水,放进适量的盐,待锅水滚沸,再加入适量的米,当米煮沸开始黏稠时,插几处出气的小孔,将锅盖好焖

抓饭

上，焖熟盛入大盘，以手撮食，便是抓饭。

阔洁（Kojie） 阔洁是哈萨克人使用的汤面类食物，通常只用肉汤来煮，不放其他作料，至多放入一点土豆、洋葱，十分可口。阔洁有时也用纯牛奶作汤下面，不放任何作料，那是另一种美味。

波特哈（Botkha） 波特哈是哈萨克人用小米熬制的稠粥，熬成之后，兑以牛奶、奶油、奶皮等食用，十分顶饥。

纳吾热孜粥（Naurez Kojie） 纳吾热孜粥是哈萨克人在每年春分时节迎来纳吾热孜节时必备的食品。纳吾热孜粥用度冬陈留的熏肉、干酪，加以小米、小麦、大米、食盐，用水来煮沸，做成纳吾热孜粥，各家各户自家食用的同时，邀请邻里乡亲前来品尝。

妇女们在做纳吾热孜粥

节日盛餐从锅里来

果蔬

哈萨克族历史上栽种苹果、杏、李子、桃、樱桃、石榴等水果，按不同季节采摘野生草莓、马林果（悬钩子）、醋栗、酸秆子（大黄）等食用。种植胡萝卜、洋葱、圆白菜、甜菜、大蒜、西红柿、辣椒等蔬菜。

居住习俗

哈萨克人的传统住房是毡房。在不同历史时期，汉籍记载为"庐""穹庐""帐庐""帐幕"等。毡房作为哈萨克人的传统住房，具有几千年的历史。史料表明，公元前7世纪至前1世纪，与哈萨克族有族源关系的古代部族就已经在使用毡房。西汉时远嫁乌孙的细君公主在其《黄鹄歌》中便有"穹庐为室兮旃为墙"诗句，这里所说的"穹庐"，指的就是毡房。

住房种类

传统的哈萨克族的住房一般可分为两类：一类是春、夏、秋三季所居住的毡房，另一类是冬季在冬牧场住的房屋。

哈萨克人的毡房分为几种：一种是大毡房，叫作"宇"（Yui），这种毡房用来日常居住。为新婚者建造的新毡房叫"沃陶宇"（Otao yui）。另一种是简易的毡房，称为"阔斯"（Khos）。这种小毡房空间较小，一般家境并不富裕者用来居住。还有一种叫托夏拉（Toxiala），多用于转场途中的临时住房，或者在远征、打猎时使用。

毡房（Yui） 毡房高一般在3米左右，毡房的大小以栅格（柯列格，Kerege）为数，以穹顶（强哈拉克，Qang gharakh）大小来定。一张（哈纳提，Khanat）栅格展开来2米左右，最小的毡房由六

◀ 毡房

张栅格组建，最大的由十二栅格组建。当然，还有超大型的，根据集会要求视情况而定。栅格上面要固定接头处被弯曲的支架（乌额柯，Wuekh），支架末端要顶起日月形穹顶，毡房骨架便立起来了。栅格外再附一层有栅格高低的芨芨草席（qi），便披上围毡（加布克，Jiabekh）和毡墙（图尔勒克，Tuwirlekh），一座360度圆形的毡房就搭建起来了。毡墙通常由四块或六块、八块毡子组合。穹顶覆盖单独的一块毡子，哈萨克人称之为"通勒克"（Tong lik），意为顶毡。可以根据天气阴晴雨雪、白昼与黑夜，打开或盖实"通勒克"。毡房的结构由栅格、支架、穹顶、门、芨芨草席和房毡六部分组合而成。毡子和栅格要由手工编织的五彩缤纷、图案绚丽的毛绳彩带刹住。

▲ 毡房里的生活

◀ 毡房各种部件

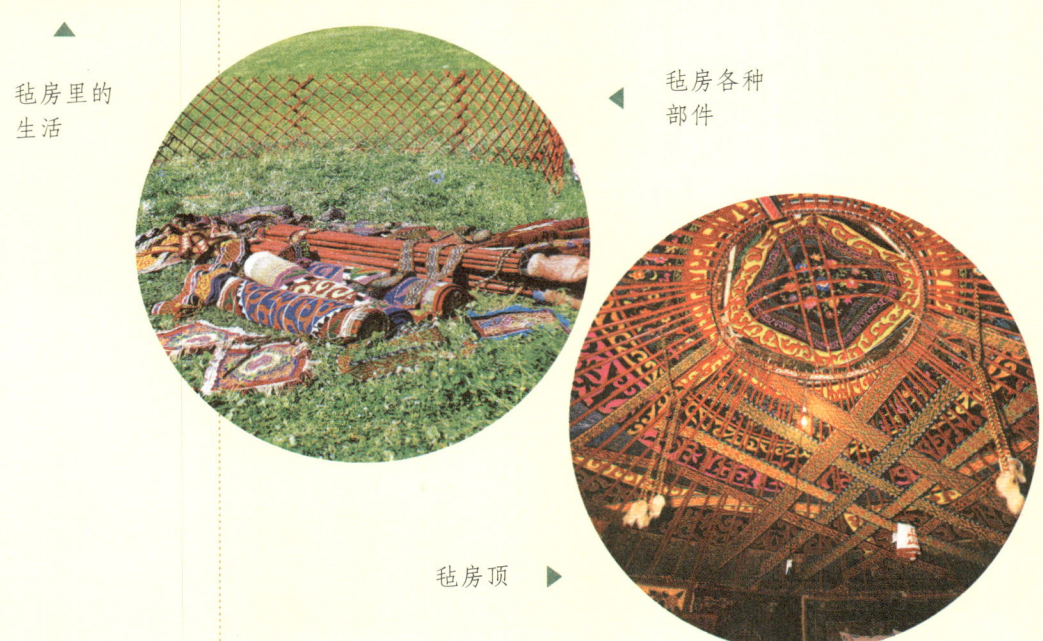

毡房顶 ▶

窝套——小帐，一对新婚夫妇的毡房

阔斯（Khos） 阔斯是小毡房，比起毡房简易得多，没有栅格，支架是直接戳地的，有穹顶和顶毡，但不会太大。毡房墙裙处也会附以芨芨草席，没有围毡（加布克，Jiabekh），只有毡墙（图尔勒克，Tuwirlekh），门是垂帘式的毡子，内附芨芨草席。开门时将门帘毡子上卷起来，关门时将垂帘毡子放下。

托夏拉（Toxiala） 托夏拉更为简单，没有穹顶，只将若干根支架一头聚拢用粗毛绳刹住，另一端展开立起，留一个出入口，外披毡子就成了。

> **知识链接** **塔姆（Tam）** 哈萨克人通常把毡房以外的固定建筑泛称为塔姆（Tam）。冬季哈萨克人会住在冬牧场。哈萨克人在冬牧场选择避风、少雪、朝阳的山脚建造便于越冬的固定住房塔姆（Tam）。这种固定住房一般就地取材，有原木筑起的木房、石头砌起的石头房、干打垒盖起的土房。屋旁建有畜棚和羊圈，以便过冬。

毡房内饰

哈萨克人十分重视毡房内部的装饰和美化。毡房内会挂上用各色布绣花的壁挂和花毯。地面铺上饰有传统羊角图案的毡子、花毡和地毯，将毡房内部点缀得富丽堂皇。

哈萨克人毡房内起居安排十分讲究，分为不同的功能活动区，布局紧凑，有条不紊。一进毡房右上方是老人的木床位置，

哈萨克毡房
华丽内饰

哈萨克毡房局部：
置放餐饮器具一角

毡房右部：
供做饭之用

供老人休息；左上方的位置是晚辈起居的一角。毡房进门右下方是放置炊具的地方，左下方则是放置驮具、狩猎工具，或者看护羊羔牛犊的区域。毡房的正中对着穹顶放火炉，烟筒口从毡壁上送出。毡房正面铺上座垫和花毡，专门用来迎送客人。

交通习俗

哈萨克族是传统的马背民族。因此，哈萨克人的传统交通方式也体现草原文化特点。

传统交通

据考证，哈萨克草原和哈萨克人是最早驯化马的民族和地区。马在进入蒸汽机时代以前的漫长人类历史长河中，发挥了不可替代的作用。在我国，最早把马视为龙，迄今沿有龙马精神之说。因为从离中原最近的草原民族大月氏人那里看到了高头大马，便被称为"龙部落"，当大月氏人远徙时，被认为带走了"豢龙术"。在古代，国人的地位是以拥有马的数量来确定，有"千乘之国"，"万乘之尊"之说。而哈萨克族作为马背民族，"歌和马是哈萨克人的两只翅膀"，这句民谚充分说明了马在哈萨克族生活中的重要性。

马（Jilkhe） 千百年来，马是哈萨克人生产生活的主要依靠。无论是征战、和亲、朝贡、贸易都离不开马。哈萨克人的马，被皇家称之为"天马""西极马"，足见品种珍贵。哈萨克人的马性情温和，持久耐劳，善于跋山涉水，有极好的适应能力。哈萨克人除了乘骑马之外，还役使马来套车或驮运。

马匹、毡房与生活息息相关

驮运 ▶

骆驼（Tuye）　骆驼是哈萨克族仅次于马的重要交通工具。骆驼善耐饥渴，能负重远涉，享有"沙漠之舟"的美誉。虽然骆驼的速度比马慢，但持久力比马强。而且骆驼不仅耐高温、耐干旱，还能抵御严寒。所以哈萨克族人家，多用骆驼转场搬迁和运送货物。

牛（Siyir）　牛的负载力很强，因而哈萨克牧民在转场、运送货物时，常用犍牛驮运或拉车，有时也用来乘骑。最健壮的犍牛，被哈萨克人称之为"穹顶牛"（Qanggharekh Ogiz），转场时将穹顶驮负其上，无论道路多么崎岖艰难，"穹顶牛"都会安全稳当地负载抵达营地。

传统运输工具

马车的发明来自哈萨克族的康里部落。哈萨克有个典故，很久以前，康里部落有一次获得许多战利品，他们携带的役畜无法尽数驮载，于是他们当中的一个小伙子便想出了造车绝法。由于是康里部落首先发明马车轮毂，在草原上行使时，轮毂发出"Khan-gle Khangle"的声音，其他部族就称他们为"康里人"。久而久之，"康里"就成为了他们的部族名，而这个部族名却与马车有关。

马车（Arba）　哈萨克族的传统运输工具多为畜力车，叫"阿尔巴"（Arba），根据功能不同而有所区分。传统的马车分为二轮车、槽子车、四轮车等。二轮车多套用犍牛，在农区多用于

◀ 雪爬犁

农业生产和运输,是哈萨克族最为古老而原始的畜力交通工具。槽子车、四轮车多套用马,用途广泛,既用于农业生产、也用于牧业生产、运输、商旅和军事等。

爬犁(Qiana) 爬犁在哈萨克语中被称为"恰纳"(Qiana),也是哈萨克草原传统的运输工具之一,分为旱爬犁、草爬犁和雪爬犁(雪橇)。旱爬犁制作十分简便,两根原木细头作辕,粗头着地,上落托架,即可使用,大多套犍牛。主要是夏天或秋天牧民收割、转场、运草的专用工具。草爬犁与旱爬犁相差不多,只是用于拉运在山坡上打的秋草。雪爬犁制作相对复杂,适用于冬天在雪地上运输,雪橇着地面要宽、长,大多套马拉。

滑雪板(Qiang ghi) 滑雪板在哈萨克语中被称为"强嘎"(Qiang ghi)。对哈萨克族滑雪板的记载最早见于《史集》,主要是阿勒泰山一带的哈萨克族部落使用。在漫长的历史中,当地的哈萨克族人为了适应山多、雪厚的特点,创造了滑雪板、雪爬犁等多种形式的冬季出行、狩猎交通工具。在福海县城东北方向240公里的地方,一个叫逊肯的山里有许多岩画,其中就有滑雪的内容。这岩画见证阿勒泰地区一带居民滑雪的悠远历史。

哈萨克传统的滑雪板下会覆以牛犊皮或马皮,这样还可以踩着滑雪板上山。而马皮滑雪板是滑雪板中的佼佼者,为了保护这个传统制作工艺,2014年,哈萨克族马皮滑雪板的制作技艺已被列入第二批新疆维吾尔自治区非物质文化遗产名录。

> **知识链接** **转场** 转场是哈萨克人生活中的重要内容。哈萨克族比较富裕的家庭转场搬迁时一般用骆驼作为主要交通工具。搬迁时驮有家什的骆驼由本部落的姑娘、年轻媳妇或主妇骑马牵行。驼队中，最为高大的主骆驼用来驮毡房的穹顶，并在上面盖上漂亮的花毯或花毡。在古时，还要用一峰骆驼专门支起华盖，华盖里坐着待字闺中的少女，一路迁徙，一路歌吟，别有一番风情。一般没有骆驼的家庭则用犍牛搬迁，并挑选健壮的犍牛来驮毡房的穹顶、木栅栏等贵重物品。搬迁时家庭成员都要衣着漂亮，乘骑好马，精神抖擞，显得隆重和热烈。哈萨克人实际上把迁徙当作一次精神文化交融的过程。

迁徙的哈萨克牧人

随着哈萨克人的经济水平不断提高以及公路的普及，现在摩托车、汽车也已进入哈萨克人的生活，成为了主要的交通工具。

诞生习俗

哈萨克人十分重视新生命的诞生。从婴儿出生到成长的每一个阶段，哈萨克人都会举办不同的仪式，邀请亲朋好友一同参加。这些仪式不仅是为孩子的成长祈福平安，也为哈萨克人的日常生活平添了快乐和缤纷色彩。

肯德克阿娜（Kendingk Ana）

传统的哈萨克人认为新生儿的性格会模仿剪脐带者的性格，所以在孩子诞生之时，会请德高望重的女性长辈为婴儿割脐带，以示吉祥。这位剪脐带的女性长辈被尊称为孩子的"肯德克阿娜"（Kendingk Ana），意为脐母，并将受到家长和孩子毕生的敬重。在给婴儿割去脐带之前，先要用温盐水给婴儿洗澡，这样孩子成人后，一般刀枪剑伤不易感染。

取银齐（Quyinqi）

孩子诞生后，第一个向孩子长辈报喜的人可以索要"取银齐"（Quyinqi），意为报喜礼。孩子的长辈根据自己的家境送礼，以示谢意。在报喜讯时，哈萨克人通常不会直接说出孩子的性别，生的是男孩就会说是个"霍依奇"（Khoyxi），意为羊倌；生的是女儿就说是个"吉勒克奇"（Jilkhexi），意为马倌。由此可以说明，哈萨克人把女婴看得更娇贵。

哈萨克族的摇床

喜乐得哈纳（Xildekhana）

"喜乐得哈纳"（Xildekhana），意为诞生礼。在婴儿诞生当天，主人家要举行热闹的"喜乐得哈纳"仪式（诞生礼），主人家还要宰杀特意准备的羊，称为"哈里加"（Khaljia），让新产妇喝上新鲜羊肉汤，祈望产妇奶水足，早日恢复体力。邻里妇女都要携带礼物前去向产妇祝福，祝新生儿长命百岁，并连续三天为产妇守夜。人们在产妇毡房前唱歌跳舞，弹奏冬不拉，庆祝新生命的到来。

命名仪式

哈萨克人会为孩子举行命名仪式，一般是请清真寺的阿訇或部族里的老人、男性长者给孩子取名字。择定名字后，将新起的名字在婴儿的耳边连唤三声即可。

别斯克柯伯留（Besik ke Bolieu）

在孩子脐带割痕结痂脱落后，便要让孩子睡进摇床，哈萨克人称之为"别斯克柯伯留"（Besik ke Bolieu）。婴儿睡摇床既干净清爽，又有利于婴儿骨骼端正成长。睡摇床要举行仪式，仪式上请一位德高望重的女性长辈，用侧柏枝（Arxia）或野芒香（Adiraspan，也作骆驼蓬）烟熏过摇床，一边念祝福词，一边将孩子放进铺垫好的摇床里包好，仪式便结束。

赫尔克托侬（Khirkhe nan xigharu）

哈萨克人在婴儿出生第四十天举办"赫尔克托侬"（Khirkhe nan xigharu），意为"四十天礼"。在这一天主人家也是邀请近亲和邻里妇女参加，并一起给婴儿举行洗澡仪式。这个洗澡仪式十分讲究。婴儿父母准备一个大澡盆，将一枚金银首饰放入盆中，再把婴儿放入澡盆里。然后请一位年长的妇女一边用木勺舀水淋到婴儿的身上，一边说祝福词。在这个仪式上一般要舀40勺水，象征孩子洗去污秽，洁净入世，同时也锻炼了孩子的胆量及预防疾病的侵入。

> **知识链接** 赫尔克托依之后，要适时举行"别斯克托依"（Besik Toy），即摇床礼。摇床礼规模不大，主人家会宰羊待客，邀请众亲和邻里参加。

图扫柯思尔（Tusao keser）

"图扫柯思尔"（Tusao keser），意即学步礼。在小孩一岁左右开始蹒跚学步时，哈萨克人会举行"学步礼"。仪式上，家人宴请宾客，并将羊肠揉搓成绳子（或用毛绳），象征性地将孩子双脚从脚踝处绊住，请一位德高望重的长辈来割（剪）断。这是个祈福仪式，是期待孩子能像摆脱脚下的羁绊一样，开步学会走路，长大能像骏马般奔驰，走向光明的未来。

骑塔依（Taygha mengizu）

塔依（Tay）是三岁小马之意。骑塔依即骑马礼。作为游牧民族，骑马技能是一个哈萨克族男人必备的生存之道。因此，哈萨克族小孩四五岁便开始学习骑马。当小男孩可以第一次独立骑马时，父母就会为孩子举办骑马礼。骑马礼的规模比较大，会请远近的亲戚朋友参加，主人家也会宰杀牲畜来款待客人。这一天，孩子会冠戴猫头鹰羽毛，骑着备有特制小马鞍的小马，前去拜访亲戚。亲戚们会为孩子撒上喜糖，赠送礼物。从此，这个孩子便有了自己专用的鞍具和属于自己的小马。小马长大了，也就是他的坐骑了。

孙奈提（Sundet）

孙奈提（Sundet）即割礼，是哈萨克人皈依伊斯兰教以后奉行的仪式。现已成为哈萨克族的生活习俗。割礼一般在男孩5~7岁之间举行，就是做一次简易的去除包皮手术。家人会邀请所有亲朋好友，并宰羊摆席隆重庆贺。割礼由毛拉和霍加进行，首先念经，然后切除生殖器外包皮，一周左右就基本痊愈。这个仪式意味着男孩已经长大成人。行割礼不仅是伊斯兰教的世俗要求，也是卫生健康的需求。

丝尔尕托依（Sirgha Tuoy）

丝尔尕托依（Sirgha Tuoy）即耳坠礼，是哈萨克族对女孩举行的仪式，在女孩子5~7岁之间举行。这个仪式一般由妇女参加，并邀请经验丰富的妇女为小女孩穿耳洞，佩戴上耳环。女孩父母邀请亲朋好友参加女孩的耳坠礼，庆贺并祝愿女孩儿健康成长。

"还子"习俗

哈萨克人十分敬老，自古沿袭一种"还子"习俗。即长子要将长孙交由爷爷奶奶带养。爷爷奶奶对长孙视同己出，长孙也将爷爷奶奶与父母视作平辈。这种习俗让老人尽享天伦之乐，也是一种孝敬方式。

婚姻习俗

婚姻是人生中的大事，哈萨克人对婚姻大事非常重视。

婚姻习俗

哈萨克族对于婚姻有着严格规定：同一个部落内的青年男女七服以内不得通婚；嫁娶要隔七条河流。同一部落内，超过七代血缘的人要求通婚时，必须征得部落长老和其他成员的同意方可成婚。此外，哈萨克人认为属于不同家庭，但是吃同一母乳的两个孩子就算不是亲兄弟姐妹，彼此也不能通婚，讲究血缘的纯洁性。

哈萨克族过去还有一种"换门亲"，被称为"亲连亲"，即亲家双方将女儿嫁给对方家的儿子。这主要因为旧时一些牧民家庭

恋歌

经济境况不济，无力承担巨额彩礼，所以双方家庭都有适龄孩子时，就会采取这种交换婚姻方式，免去彩礼。当然，也有门当户对的富人之间为了避免财产外流，使用这种"亲上加亲"的婚姻方式。

"安盟格尔里克"习俗，即收继婚制度，是哈萨克族非常古老的一种遗俗。古代哈萨克的婚姻制度是终生不允许离婚。对于寡妇，哈萨克人奉行"即使失去丈夫也不能离开部落"的原则，因而产生了"安盟格尔里克"习俗。如果妇女死了丈夫，要求改嫁，只能嫁给亡夫的兄弟或近亲，或在本部落中选择配偶。但很多情况下，妇女丧夫后，大都不愿意改嫁。这些不愿改嫁的寡妇，被认为是有德行的，会受到部落里人们的尊敬和称赞。新中国成立后，这种习俗已经完全被革除。

婚礼仪式

在哈萨克族的各种礼仪中，最复杂、最重要、最隆重的就是婚礼。哈萨克族的婚礼从定亲到婚礼结束先后有几次小仪式，如定亲仪式、订婚仪式、过彩礼仪式、送彩礼仪式、出嫁仪式、迎亲仪式等。这些仪式的做法在各地都不尽相同，通常都是女方家庭做出决定。

定亲仪式（库达拉苏，Khudalasu） 说亲时，由男方家长或委托近亲带上礼物前往女方家说亲。如女方家有意，则收下礼物，热情款待男方来定亲的人，并一同商定订婚日期。定亲仪式上，公婆第一次见未来的儿媳，由婆婆把一件戴有几束猫头鹰羽毛的白色三角巾扎在新娘头上。哈萨克人称之为"吾克塔古"（Wuki Taghu）。自此，双方的姻亲关系将公开。

订婚仪式（乌勒特尔斯，Oltiris）　到订婚日，男方父母及近亲会带上彩礼一同前往女方家里举行定亲仪式。女方家邀请亲朋好友，热情款待男方家人，并宰杀褐首白羊，以图吉祥如意，百年合好。哈萨克人认为，亲家是千年之和，姑爷是百年之亲。在宴席上，女方家会在酸奶中加上煮熟的羊肝和羊尾巴切条搅拌，象征生活甜蜜，富得流油，然后端给客人们。吃这种食物时，客人不能随意用手去拿，必须由女方家人喂进嘴里。这时男人要给喂其亲家的女人送礼物，如果不送，她们就把酸奶涂在客人脸上取乐。客人不能躲避，表示要同心庆贺。甚或可以将客人四肢捉起，扔进小溪。仪式过后，还要举行一次踩水礼。由男方家来的人同女方的哥哥或嫂子同涉过一条溪流，表示双方都不能反悔。

彩礼仪式（吉尔特斯托依，Jirts Toy）　哈萨克语"吉尔特斯"，是指男方送给女方彩礼，即绫罗绸缎、各种衣物和各种结婚用品。彩礼仪式通常在男方家举行。这一天，男方会把给女方准备的所有彩礼全部挂起来展示，请亲朋邻里过目评判，看彩礼是否齐全，品质是否达到女方要求。如果彩礼不全，自家亲朋邻里会送一些缺项用品给男方，体现了哈萨克人互相帮助的习俗。

送彩礼仪式（喀愣玛勒，Khaleng Mal）　这是为女婿第一次登门进岳母家而举行的一个仪式。在这一天，女婿和家人带上"吉尔特斯"，还有"喀愣玛勒"（Khaleng Mal），即说好的马匹和牛，足数赶往女方家。女方家大摆筵席，宴请客人。席间长辈会让女婿吃羊胸叉肉，象征男女双方如同胸骨相连，永远相亲相爱。男方根据其经济境况按约定的数额足额送达礼物，以感谢和酬劳亲家父母对女儿的养育之恩。翌日，女方会打开男方送来的彩礼向亲朋邻里展示，请大家检视，看彩礼的质量数量是否符合要求。

出嫁仪式　出嫁仪式可以说是所有仪式中规模最大、最隆重，也是最重要的一个仪式。出嫁婚礼的早晨，新郎和新娘根据伊斯兰教教规要在阿訇的主持下举行"尼卡"即证婚仪式。阿訇诵经祈祷祝福,新郎和新娘吃下由阿訇念过经的"蘸盐圣水"和馕(也有以酸奶蘸馕的),以示对婚姻的忠诚。这是哈萨克族信仰伊斯兰教后沿袭的一个仪式。

出嫁婚礼上,女方家邀请部落内外的亲戚朋友来参加喜宴。客人吃完喜筵,年轻人就开始唱加尔加尔(劝嫁歌)。劝嫁歌包括萨仁(序曲)、加尔加尔(劝嫁歌)、森斯玛(哭嫁歌)、阿乌加尔阔尔斯(哭别歌)四部分。

在婚礼的第一天,新郎和伴郎们穿戴一新,骑上骏马,去新娘家娶亲。这个娶亲队伍边走边唱"萨仁"曲子。新娘听到后就搭上红色盖头,开始唱起哭嫁歌来。而伴娘准备对歌,迎接娶亲队伍。

当新郎来到新娘的毡房前时,伴郎们就开始纵情欢唱"加尔、加尔"曲调的劝嫁歌。唱完,紧接着是伴郎们和伴娘们的对歌。对歌形式多样,可选"加尔加尔"曲调,也可选"比克木"曲调。男女互相对唱,互相盘问,诙谐逗趣,一直对到一方无歌应答,才算对方赢了。之后新郎要给伴娘们送礼物,才能接走新娘。

心心相印

对歌结束后,新娘开始唱起"森斯玛"哭嫁歌,表达自己对家人的不舍和对故乡的留恋,以及对新生活的憧憬和胆怯。这些歌词都是新娘按照传统曲调自编自唱。而伴郎和伴娘们则都齐唱"加尔、加尔"劝嫁歌,劝她切莫悲伤,并给她真挚的祝福。

当唱完上述歌曲后,由两位年轻媳妇搀扶新娘去与家人哭别,这时新娘要唱"阿乌加尔阔尔斯"曲调的哭别歌。唱完哭别歌,哥哥和弟弟扶新娘上马,新娘带着嫁妆前往新的家庭,开始新的生活。

迎亲仪式 当女方快到男方家时,由男方的年轻妇女和姑娘们前来迎接,并陪同前行。新娘到达家门口时,新娘的婆婆出来迎接,并向聚集的人群抛撒象征着喜庆吉祥的"恰秀"。这标志

◀ 在婚礼上撒"恰秀"——喜糖

着迎亲仪式的开始。之后,由新娘的妯娌领进婆家,举行"揭面纱"仪式。揭面纱仪式由一位富有经验、能说善唱的小伙子主持,他会弹着冬不拉唱起"揭面纱"歌。歌曲的内容一般是即兴创作,将新娘介绍给父老乡亲,还用幽默的词语告诫新娘要尊老爱幼,手脚勤快,心地善良,做一个贤妻良母。每唱完一段,根据主持人的要求,新娘就要向男方的长辈们依次行俯首礼,以表示尊重。唱完最后一段,主持人就以系着彩色布条的马鞭杆揭开新娘的面纱,新娘再向公婆行礼。之后新娘向婆婆家里的火炉倒进一碗黄油或羊油,婆婆会撒进盐巴,祈求火神降福,希望未来生活美满幸福。油燃起时,在座的人都口念:"火娘娘,油娘娘,给我们把福降!"新娘跨过火盆进入婆家。这是哈萨克人古代拜火风俗的遗留。

婚礼上,还要宰马宰羊,宴请部落内外的亲戚朋友。婚礼宴会后举行叼羊、姑娘追、赛马和摔跤等传统娱乐活动。

丧葬习俗

哈萨克人自古沿用土葬,最早可以追溯到塞人时代,那时的竖穴木廓墓葬被称为库尔干文化,便是古坟之意。匈奴—乌孙时代也兴土葬。最古的匈奴墓葬是一种封丘、方形的石墓(简称方墓)。现被发现的方墓已有几十处,其中最早的方墓是属于公元前7世纪至前3世纪的。乌孙古墓高高隆起,像一座座土丘遍布伊犁河谷和天山以北山襟。哈萨克古代安葬一般都要将死者生前的乘骑、衣服、弓箭及其他金器、青铜器、陶器等物品一起陪葬。古代妇女如果丧夫,还会哀号以指甲抠破脸面,以示对亡夫的追思和忠贞。

《周书·突厥传》载:"葬讫,于墓所立石建标。其石多少,依平生所杀人数。"《隋书·北狄突厥传》也称:"表木为茔,立屋其中,图画死者形仪及其生时所经战阵之状。尝杀一人,则立一石,有至千百者。"这种立草原石人习俗,可上溯至公元前1000年,但是在11世纪伊斯兰教全面传入哈萨克草原戛然而止。伊斯兰教不崇拜偶像。

皈依伊斯兰教之后,哈萨克族的丧葬习俗遵守伊斯兰教教义实行土葬,与其他信奉伊斯兰教的民族丧葬礼仪基本相同。

吊唁

哈萨克族家人亡故,亡者亲人要唱哀歌,称为"交克塔吾"(Johtao)。一般由妇女唱哀歌,词即编即唱,主要是赞颂亡者美德和功绩、未了的心愿,祈求真主让亡者之灵升入天园。前来吊唁的人如果骑着马,须从远处下马唱着哀歌而来。

亡者家属将遗体安顿好,准备迎接前来吊唁的人们。妇女按照年龄或辈分依次坐着哀唱,男子在室外按年龄顺序站着迎接前来吊唁的人们。着装上,参加葬礼的每个男子都要在腰间扎一条白色腰带,头戴白色毡帽。亡者女眷及近亲中妇女要头戴白巾。

净体

亡者遗体一般不隔夜保存，须于当日下葬。这既是对亡者的尊敬，也是对病故者的及时安葬，在古时以避免瘟疫蔓延。

下葬前，须在家里腾出一间灵屋为亡者净体。实施净体礼的有一人负责头部，一人负责腰部，一人负责下肢，由死者的家属决定人选，一般由亡者生前故友组成。根据伊斯兰教的规定，人亡故后要洗去尘埃，干干净净地进入到另一个世界里。所以净体者要精心为亡者用清水周身淋浴三遍，并剃净头发、胡须、体毛，修剪指甲。用白布扎住下腭，在头顶打结，以免亡者口腔张开。双手要伸展平直，掌心朝内贴在大腿两侧。双脚并拢，用白布将两个脚拇指扎在一起，整个遗体舒展挺直。净身完毕后，在死者腋下、脖颈洒丁香粉，然后用白布裹体三层，在头顶处扎住，白布也要洒丁香粉。之后亡者家属会酬谢净体的人。

安葬

当亡者遗体移出室外时，应先出脚。当加那札（Janaza，灵柩）抬到清真寺或在户外净处举行诵经安葬仪式时，由阿訇主持诵经。葬礼仪式结束即出殡。所有男性亲属都必须为亡者到墓地送葬，女亲属也须哭着送出家门，这时都要唱哀歌。

哈萨克人实行土葬。墓穴先挖成一个垂直土坑，在坑底西壁再挖一个洞口，由洞口继续扩展，挖成一个长2~2.2米，深1.5~2米，宽0.8~1米的洞穴，遗体就安放在洞穴里。

入葬仪式由阿訇主持。先由阿訇念经，再由家属与亡者作最后告别。之后阿訇会先下到墓坑，稍加整理，然后再由两三个近亲下来接送遗体并安放好。遗体应先下脚，仰身直肢，头朝西，面对伊斯兰教圣地麦加的方向。然后侧壁洞口以土坯垒住，再将墓坑以土填满。送葬者必须每人都填土，但不能互相传递铲土工具，必须扔到地上，然后下一个人捡起再铲。直到墓冢略略隆起地表为止，不能堆高。葬礼完毕后在墓旁念经，由四个人在坟墓四角跪着念经。安葬仪式结束后，送葬者要返回亡者家中，对亡者亲属再加劝慰。妇女们会唱哀歌迎接他们。

祭祀与哀悼

亡者安葬后，分头三、头七举行丧宴，之后为四十天祭祀、年祭、三年祭。在举行这些祭祀时，均要邀请部族亲戚、亲家、友人参加，并请阿訇诵经。

按照哈萨克族古老习俗，对亡者要进行长期的哀悼。一年之内，家人不娶不嫁，不设宴。妇女40天不出门，男性不参加娱乐活动。在一年之内，亡者妻子需身着黑丧服，头包白巾。在此期间，凡遇到与亡者相关的事，都要唱哀歌，表示缅怀和哀悼。哀歌有其固定曲调，日唱两次，分别在旭日东升和夕阳将落时唱。

节庆风俗

纳吾热孜节（Naoweriz）

每年春分之日（公历3月21日左右），白昼与黑夜一样长的这一天，是哈萨克人传统的节日——纳吾热孜节。对于草原民族来说，这一天预示着往后白天会越来越长，天气也会逐渐暖和，春天将回到广阔的草原。因而这一天被哈萨克族人称作"乌鲁思

准备纳吾热孜节的纳吾热孜粥

日"（Wulus，新年之意），标志着新的一年的开始，隆重庆祝。

为了辞旧迎新，预示新的一年五谷丰登，四畜兴旺，这一天家家户户都要熬制"纳吾热孜粥"。纳吾热孜粥是一种传统的节日食物，哈萨克族在做纳吾热孜粥时有许多讲究。首先，做纳吾热孜粥时不能宰杀牲畜，要用往年剩余的粮食和冬宰后贮藏了一个冬天的熏肉。其次，纳吾热孜粥用料要尽可能丰盛些，以示年年富足有余。在制作纳吾热孜粥时，至少要用七种食物一起熬制，例如熏肉（马棒骨）、干酪、小米、小麦、大米、食盐，用水或牛奶煮成稠粥。

按照传统习惯，在纳吾热孜节这天，哈萨克人还会举行"纳吾热孜节"仪式。草原上的男女老少都要穿上节日盛装，人们成群结队，从一个村庄到另一个村庄，唱纳吾热孜歌，去各家拜年，互相拥抱和祝愿，并品尝丰盛的纳吾热孜粥和其他美食。节日期间草原上还会开展各类节日活动，如叼羊、摔跤、阿肯弹唱等丰富多彩的娱乐活动，显示哈萨克人对新的一年美好生活的祈盼和追求。

古尔邦节（Khurman Ayt）

古尔邦节起源于伊斯兰教，是伊斯兰教最大的节日。对于哈萨克族来说，也是全民族的节日。节日来临前，家家户户都要打扫卫生，并炸好包尔萨克、油饼，备齐各种糕点和干果以迎接节日的到来。节日这天早晨，从清真寺礼拜归来，每家每户都要根据家里的经济情况宰杀大小牲畜，如宰羊、牛、马或骆驼用以"献牲"。宰后的肉要切成大块煮，煮熟后放在盘子里与其他糕点干果一同摆上桌，款待前来拜年的客人。节日里，人们都要穿上节日盛装，走亲串邻，互相拜年和祝贺节日。在节日白天，还要举行赛马、叼羊、姑娘追、摔跤比赛等传统娱乐活动。晚上则相聚一堂，弹起冬不拉，欢歌跳舞。

肉孜节（Oraza Ayt）

"肉孜节"这个名称来自波斯语音译，意为"开斋节"。肉孜节源于伊斯兰教。按照伊斯兰教的规定，每年伊斯兰教历九月，伊斯兰教信众要封斋一个月。在斋月里，具备条件的穆斯林每天

▲ 节日欢宴

从黎明到日落前,要戒除一切饮食,只在日出前和日落后每天进两餐。斋戒象征着内心负疚的穆斯林向安拉忏悔和赎罪。一个月斋戒期满,在伊斯兰教历十月一日清晨在清真寺做完礼拜,穆斯林就可以开斋正常饮食了,这一天就是"肉孜节"。肉孜节虽然是随伊斯兰教一起传入的宗教节日,但在长期的过程中,已经成为哈萨克族的一个民族节日。在这一天,每家都要准备丰盛的食物摆在餐桌上,迎接亲朋好友到家里来拜年并品尝美食。这一天也会举行哈萨克传统的文娱活动。

哈尔勒克（Kharlekh 白雪节）

"哈尔勒克",即白雪节,是哈萨克族传统的娱乐性聚会节日,其过程极富诗意和情趣。每年的第一场雪初降之时,哈萨克人可以给某个朋友写封"雪礼信",信中首先要写上祝福的话语,然后要求对方举办丰盛的晚宴邀请大家。信写完后亲自送去或派人送给对方。但是有个条件，送信时不能让收信人发现信件，要将信放在不易被发现的地方，比如把信夹在书中送去等。如果在送信人离开之前，收信人没有找到藏匿的信件，那么之后收信人要按照信中的要求举办宴会；如果收信人在送信人离开之前就发现了这个信件，那么就由写信的人来举办晚宴宴请朋友。晚宴上要有朗诵诗歌、阿肯弹唱、唱歌跳舞等娱乐活动。这是哈萨克人在大雪初降的日子里，把美好的愿望寄托于来年的一种方式，祝愿来年吉祥如意。

第四章
传统文化

　　传统文化是一个民族的特殊标识,在漫长的历史发展中,哈萨克族的先民们用自己的勤劳和智慧,创造出了富有内涵的传统文化。而在今天,各民族的传统文化在保持各自特性的同时,应当相互交融,取长补短,共同发展社会文明。

在漫长的历史发展中，哈萨克族的先民运用自己的勤劳和智慧创造了丰富多彩的民族文化。

传统医学

哈萨克族传统医学起源于古老的年代。哈萨克人的祖先，在对天、地、日、月、水、火等自然现象的细致观察中，发现了这些自然现象之间相互滋生、相互转化和相互克制的依存关系，并将此纳入医学领域研究。各个时代的哈萨克民族医生通过不断观察和实践，世代积累了丰富的医学经验。到了14世纪末至15世纪初，出生于医学世家的哈萨克民族医生乌太波依达克·特烈吾哈布勒，在前人研究的基础上继续深入钻研和不断积累，撰写出医学巨著《奇帕格尔巴彦》（汉译《医药志》），并形成了一套具有哈萨克族特色的医学理论体系，即"六元学说"（"阿勒特吐格尔说"）。他也被哈萨克后人尊崇为"医圣"。

> **知识链接** **"六元学说"** 哈萨克医药理论的基础和核心。哈萨克医学以六元（天、地、明、暗、寒、热）学说解释宇宙现象，指导医药理论和医疗实践，解释人体生理、解剖、病理、病因、诊断、治疗、药物的属性、疾病的预防和饮食原则。哈萨克医学认为六元之间的对立关系构成人体温热、寒凉、松紧、软硬、动静、醒眠、吸收、排泄、干燥、稀湿十种物质平衡，平衡的失调是疾病产生的根本原因。

民族医生

哈萨克民族医生大体有两类，一类为"塔米尔奇"，即号脉大夫，相当于内科，主要通过诊脉、把望双目、舌苔和气色来诊断病情，再采取相应的治疗方案和用药。另一类叫作"乌塔尔奇"，即专治跌打损伤、金疮、止血、骨折正骨，相当于外科、骨科，主要通过特殊手法和药物结合治疗。

哈萨克传统医学流传的单方、复方等有数百种，其常用药物达300余种，所采用的药品包括植物药、动物药和矿物药等，药材绝大多采自哈萨克草原。如熊胆、麝香、鹿茸、雪鸡脑、乌皮、獾油等，矿物类药剂有明矾、硫黄、胆矾、升汞、甘汞、水银等。《魏书·西域传》记载悦般部落时说："其国南界有火山，山傍石皆焦溶，流地数十里乃凝坚，人取为药，即石流黄也。"另外，还用牲畜的乳汁及各种奇果入药。

哈萨克人非常尊重哈萨克民族医生，不仅因为民族医生医术高明，还因为哈萨克民族医生心系牧民，不仅在家接诊治疗，也会骑马到草原上去巡疗，以帮助那些无法行走的患者，解决患者的燃眉之急。

传统疗法

正骨疗法 作为马背上的民族，哈萨克牧民在马失前蹄或其他马背运动时，从马背上摔落导致骨折或脱臼的情况时有发生。经过长期的行医实践和经验积累，哈萨克族的传统正骨术成为一绝。这种治疗方式不需要做手术，少疼痛，恢复快，低成本，因而受到哈萨克牧民的青睐。民族医生乌塔尔奇非常熟悉人体结构和人体骨骼及血脉、肌肉组织。在治疗时，他们先用独特的手法按摩，使患者的骨折复位，然后采用夹板、压垫、缠绑、牵拉等方法固定骨折处，再涂擦药物促进伤口愈合。一般15天内便能愈合，"伤筋动骨一百天"在哈萨克草原不适用。因为马背民族承受不起长期卧床休养，需要随时迁徙。乌塔尔奇对几年前的陈旧性骨折及畸形愈合的旧伤，也能矫正治疗。通常他们会用马驹油和其他药物配制出一种油膏涂在患者骨折愈合部位，使已经变形的骨痂软化、脱离，然后再重新复位并固定治愈，非常神奇。

风湿治疗 哈萨克人常在野外放牧劳作，冬天风雪严寒，春夏地气潮湿，在毡房里大多是铺一块地毯或花毡而卧，容易患上风湿病。哈萨克民族医生因地制宜，利用自然环境，发挥各种草药和动物、矿物药用特性，形成了多种独特的治疗方式。

温泉和火龙洞疗法 夏天，患有风湿病和腰脊膝关节疼痛者喜欢泡温泉，或者到火龙洞熏疗。哈萨克草原多温泉，水温在50℃左右，火龙洞（硫黄矿口）地热资源也较多，病人通过泡温泉、火龙洞熏疗将体内的寒气逼出。

皮浴疗法 皮浴疗法即导汗疗法。在9月至10月黄金季节，选择肥壮的大羯羊，快速屠宰整皮剥皮，趁皮热未散，把病人裸身包裹起来，促其发汗；如出汗不畅，可根据病情用侧柏枝、麻黄草、青蒿、丁香等药煎汁趁热倒入皮中（不造成烫伤为宜）促其发汗，祛风治疗各种风寒。对于动物皮的选用和发汗时间的长短，要根据病人的性别、体质、病情来定。男性病人可用羊皮和马皮；女性病人可用山羊皮和公鹿皮等。

蒸熏药浴 蒸熏药浴治疗便是通过蒸熏、炙烤、外洗等方法，使药物通过皮肤吸收以达到治愈效果。药浴治疗时，根据患者的病情选择药物，先煎出药汁，再让病人在药液中浸泡45~50分钟。药浴治疗期间不能饮凉水，最好饮马奶，可提高疗效。

冻伤疗法 哈萨克草原冬季风雪严寒，牧民在外放牧，稍有不慎就容易冻伤，因而冻伤也是常见病之一。哈萨克民族医治疗冻伤也有自己独特的方法：一是搓雪法，即将面部、手足冻伤部位用干雪来搓，搓到冻伤部位恢复血液循环，冻伤便好。二是拔法，肢体冻伤较重，便将冻伤者放入冰水中拔冻。三是蒙法，即在无水情况下，将严重冻伤者用被子或毡子包裹厚实，用马拖、脚踢、滚动等方式，使冻伤者周身发热、大汗淋漓，通络活血，气血运行如常，冻伤便会痊愈。

放血疗法 民族医生善用放血疗法。对于长期头痛患者，自古以来有一种放血疗法，在患者两侧太阳穴处，用剃头刀尖轻轻点开几个小切口，挤捏放血。这样可以舒缓患者头痛，精神陡增。

禽血疗法 对于产后体弱女性，民族医生采用禽血疗法。即捉来野鸽子，将其血趁热放在体弱女性裸背上，再以阳光晒之，对产后体弱女性补气提神大有裨益。

止血法 对于在日常生产劳动中手足创伤出血，民族医生通常会割下小块毡子点燃，将其灰烬按在创伤处，出血即可止住。

金疮疗法 古代哈萨克人在马背驰骋征战，常常会有箭矢刀伤，在战场应急或回来治疗，通常为了避免感染化脓，甚或生蛆，便会采用烧红的铁杵，或烧燃的枝条，直接按在疮口处，将表层灼死。待肌肉组织愈合，结痂脱落，通常不会留痕。

驼绒疗法 手脚关节处扭伤挫伤，或肌肉组织拉伤，一般采用驼绒疗法迅速见效。头天晚上将适量驼绒蘸上盐水，敷在伤处扎好，翌日清晨起来，将驼绒摘去，伤痛便会痊愈如初。

升汞疗法 对于骨结核等疾病，哈萨克民族医通常采用升汞疗法治疗。哈萨克人明了汞有毒性，因此，用特殊的方法将升汞衰微，敷于病灶部位。由于汞有毒性，患者须加大进食，以羊肉和羊肉汤来大补，以抵御毒性，恢复体力，加速痊愈。

哈萨克传统医学，是哈萨克族先民们在长期的游牧生活中积淀下来的精华，体现了这个古老民族的智慧。其中乌塔尔奇传统正骨术、熏蒸药浴疗法和冻伤疗法被誉为是哈萨克族传统医学代表的"三枝花"。2014年，哈萨克传统医药入选第四批国家级非物质文化遗产代表性项目名录。在新疆医科大学开设了哈萨克民族医学专业，在阿勒泰等地建立了哈萨克民族医院，为诊治一方百姓服务。

传统兽医

作为游牧民族，哈萨克人的生活与四畜兴旺息息相关。对各类家畜疫病，哈萨克人有自己的防治办法。在长期的游牧生活中，哈萨克兽医熟知牲畜常见疾病、季节病、多发病和疫情，也熟稔家畜的体格结构和生理机能，从而形成了一套相对完整的兽医治疗方法，积累了一批独特的秘方和偏方。除了使用药物治疗外，技术高明的民族兽医还可以采用手术等方法医疗，比如马疝气、肠梗阻、鼻疽、流行性淋巴骨炎等。小骆驼常见的双脐病、肠结症状等，都可以采用手术方法进行治疗。

传统音乐

音乐是哈萨克人生活中不可缺少的精神食粮，正如哈萨克族一句古老的谚语所说："歌声伴着你诞生，歌声伴着你走进坟陵。"哈萨克传统音乐种类丰富，数量庞大。19世纪调查哈萨克族音乐的俄国音乐家石塔伊维奇说："哈萨克族音乐有一千种曲，五百种调。"他承认哈萨克族曲调尚未搜集完整。哈萨克族歌多为大调，旋律悠扬，曲调婉转，优美动听。哈萨克族的乐曲以冬不拉弹奏曲为主，称之为"六十二阔恩尔"（62 Khongr），是一个庞大的曲库，由六十二个套曲组成，每个套曲下分若干支曲。应当说，哈萨克族音乐是个丰富的宝藏。

自古以来，从太平洋沿岸到多瑙河畔，广袤的北方、欧亚草原，皆为五声音阶带。五声音阶就是按五度的相生顺序，从宫音开始到羽音，依次为：宫—商—角—徵—羽；如按音高顺序排列，即为：1 2 3 5 6，没有半音4和7，这也是古代汉族音律。而在这个广袤的五声音阶带，唯独哈萨克族音乐是七声音阶。因此，哈萨克族传统音乐具有其独特的魅力。哈萨克族传统音乐可分为"安"（An，歌）和"库依"（Kuy，曲）两大类。

"安"（An，歌）

"安"（An，歌）在哈萨克语中泛指歌曲，可简称为歌。歌可视内容和演唱场合分成若干类。根据歌词韵律和内容细分为安（An，歌）、"乐令"（Oleng，对唱调）和"吉尔"（Jir，短歌）三类。

"安"（An，歌） "安"狭义的歌，专指旋律优美、节拍规整并有固定歌词和曲名的歌曲，演唱有独唱和冬不拉弹唱两种，歌手称之为"安奇"（Anxi，歌者）。在国内外皆负盛名的歌曲有《燕子》《玛依拉》《在那遥远的地方》《可爱的一朵玫瑰花》《圆月》《美丽的姑娘千千万》等，已成为哈萨克族著名传统民歌。

"乐令"（Oleng，对唱调） "乐令"另一层含意为"诗歌"。这类民歌无固定歌词，由歌手即兴编唱，曲调丰富。演唱

阿肯弹琴

形式有阿肯（Akhen，歌手、即兴诗人）对唱、自弹自唱、独唱等。对于善唱者，哈萨克人还称之为"乐令奇"（Olengxi）。现今阿肯弹唱即对唱成为地方政府出面组织的竞赛，展现阿肯（歌手、即兴诗人）智慧与才华的娱乐形式，在草原生活中占有重要地位。

"吉尔"（Jir，短歌） "吉尔"曲调基本固定，但有多种调式。有固定歌词，也可即兴赋词，内容与演唱环境紧密结合。对于喜唱短歌者，哈萨克人称之为"吉尔奇"（Jirxi），意为歌手。歌在哈萨克族音乐中占有非常重要的地位。哈萨克族民歌于2011年入选第三批国家级非物质文化遗产名录。

"铁尔麦"（Terme，长歌） "铁尔麦"意为长歌。它是将哈萨克族谚语、格言、诗歌或者其他文艺作品中出彩段落、经典句子，抑或是具有哲理的内容采撷出来，配以冬不拉伴奏进行演唱的一种"劝谕歌"。对于擅长"铁尔麦"者，哈萨克人誉为"铁尔麦奇"（Termexi）。铁尔麦的唱词和旋律有自己独特的内容和曲调，唱词优雅、旋律柔和，达到歌颂英雄、宣扬正义、教育子弟、祝福老人等目的，被称之为哈萨克族口头文化的"活化石"。2008年，哈萨克族"铁尔麦"入选国家级非物质文化遗产保护项目。

"托勒敖"（Tolghao） "托勒敖"意为"抒情"，源于古代汗国宫廷中御用文人歌功颂德的赞歌，是一种古老的曲式。它以吟唱为主，唱腔以传统民歌为基础，无固定曲调，一人自弹自唱，可即兴填词。内容多为歌手对人生和各种社会现象的观察而引发的思考和抒怀。对于擅长"托勒敖"者，哈萨克人冠之于"托勒敖奇"（Tolghaoxi）。歌者在弹唱中引导、启发和谕示听众，具有普及知识、传播思想和教育民众的作用。2014年，哈萨克族"托勒敖"被纳入第四批国家级非物质文化遗产名录。

"阔麦依"（Komey） 哈萨克语"阔麦依"，词义为喉咙。"阔麦依"是哈萨克族一种古老的演唱方式，也被称作"库尔库尔麻"，是一种古老而独特的喉音艺术。"阔麦依"源自于原始游牧民族模仿动物的叫声，而后为萨满仪式的一种表现方式。它是人们从大自然的各种声响中得到灵感并加以模仿而逐步形成的艺术形式。演唱者运用特殊的声音技巧，从喉咙深处发声，低沉嘶哑，富有质感。一人同时可以表现出一声部、二声部甚至罕见的多声部形态。2010年哈萨克族"阔麦依"列入新疆奎屯市非物质文化遗产名单。

"库依"（Kuyi）

"库依"也音译为"奎依"，是哈萨克族对民间器乐曲的统称。这些乐曲一般都是独立的小型乐章，也有由若干个乐曲联奏的套曲。"库依"曲式种类多，内容丰富。按照乐器种类可分为"冬不拉库依""库布孜库依"和"色布兹格库依"等；按照主题可以分为史诗类、历史类、故事类和生活类等类型。大部分"库依"都有其来历，蕴含着一个故事。

"库依"是哈萨克草原的特殊音乐语言。"库依"的旋律古朴、雄浑、悠扬，散发着哈萨克族浓郁的生活气息与地域风情，富有感染力。"库依"是独奏或合奏曲，虽然不配唱词，但是人们能从乐曲的旋律中感受到立体的草原生活，如骏马奔

> **知识链接**　"六十二阔恩尔"（62 Khongr）
>
> 意即"六十二个悠扬组曲"。它是一种最古老和最完整的乐曲形式，有着久远的历史、丰富的旋律和优美的曲调。经过一代代哈萨克民众的传承，成为今天的乐曲精品。
>
> "六十二阔恩尔"是古代哈萨克人通过弹奏民间传统乐器描绘游牧狩猎生活，讴歌英雄、骏马、美女、山川、草原、大地，直抒哈萨克人的胸臆。这些乐曲有的含蓄，有的奔放，有的沉稳，有的缠绵，有的粗犷，用旋律述说着哈萨克人的生活和情怀。哈萨克民间艺人在演奏乐曲时，首先用讲述故事的方式叙说乐曲的背景和内容。简约介绍完毕，弹奏者便会说："诸位请听，冬不拉是如何倾诉这个故事的！"然后开始演奏乐曲。这些乐曲富有感染力，听众从乐曲的旋律中可以感受故事的精彩。如自古相传的哈萨克名曲《云雀》，表现了一条毒蛇要吞吃羽翼未丰的小云雀。母雀一方面很害怕毒蛇；另一方面又疼爱自己的小雀，焦急地煽动翅膀飞来飞去。最后，母雀无可奈何，为了保护小雀，自己扑入毒蛇口中。这不同的角色、一系列的动作和情感变化都通过乐曲旋律表现得淋漓尽致。
>
> 哈萨克族的"六十二阔恩尔"，不仅是哈萨克族民间音乐中的精华，也是中华民族音乐宝库中的奇葩。为了保护这一古老的哈萨克族民间音乐精华，2007年，"六十二阔恩尔"成为第一批自治区级非物质文化遗产项目，2008年它又被列入第二批国家级非物质文化遗产保护名录。

驰、鸟儿飞翔、溪水潺潺、风声抚草、金戈铁马、情意缠绵、悲欢离合，融入每个音符，从演奏者的指尖流淌出来。"库依"深受哈萨克人民的喜爱。据不完全统计，哈萨克族民间流传的"库依"有数千首，其中"冬不拉库依"占的比例最多。在这些"库依"中，最能代表哈萨克族传统民间音乐精华的就是"六十二阔恩尔"。

传统乐器

哈萨克民族是一个历史悠久、具有丰富多彩文化艺术的民族。随着民族的形成、发展，哈萨克族的民族乐器也与之伴生。哈萨克族先民们从草原上寻找材料，如树根、树干、苇子、畜骨、畜蹄、畜角、畜皮、畜肠、畜鬃等，制造出各式各样的民间乐器，为后人留下了富有特色的民族乐器。据不完全统计，哈萨克族民间乐器有几十种之多，这些乐器设计精细，制作技艺精湛，音色优美。这些传统乐器大致可分为弹拨乐器、拉奏乐器、吹奏乐器和打击乐器四类。

弹拨乐器

哈萨克族传统的弹奏乐器主要有冬不拉、谢勒铁尔、萨孜、节特根和皮克利等。

冬不拉（Dombira）　冬不拉是哈萨克族最流行的乐器。其音色优美，易于携带，非常适于草原上的迁徙生活，深受哈萨克人喜爱，几乎每个哈萨克族家庭都会有一两个冬不拉。在哈萨克人聚会、欢庆节日、举办婚礼，以及阿肯对唱，都会看到冬不拉的身影。可以说哪里有哈萨克人，哪里就会有冬不拉。

传统的冬不拉大都是由果木或桦木制成，主要有两种样式。一种的音箱是椭圆形，以哈萨克族近代大诗人阿拜命名，叫"阿拜冬不拉"；另一种的音箱呈扁平形，以哈萨克民间阿肯江布尔命名，叫"江布尔冬不拉"。这两种冬不拉，外形不同，音色也各有千秋。冬不拉通常是两根弦，弦一般用羊肠制作，现在已用尼龙丝线替代，并增加和使用了铜质品位。演奏冬不拉时以左手

小演奏家们

冬不拉

知识链接 2010年5月30日北京时间12时，托里县举办了一次别开生面的冬不拉表演：由分布在7个地点的10 495名各族群众在同一时间，共同用冬不拉演奏了一首哈萨克族民间乐曲《凯乃斯》。演奏的群众中年龄最大的为83岁，最小的仅2岁半。这次"万人同奏冬不拉"的活动新创了上海大世界吉尼斯之最。

按弦，右手弹奏。演奏的基本方法是弹与挑，一般弹用于重拍，挑用于轻拍。冬不拉弹奏的力度和速度变化多端，尤其适合表现快速节奏的乐曲。

冬不拉的制作工艺一直在民间流传，没有得到系统的整理和保护，因而一些传统的制作工艺已处于失传边缘。为了保护冬不拉文化，2009年我国正式启动了哈萨克族非物质文化遗产"冬不拉艺术"保护项目。

节特根（Jietiken） 节特根琴身长1米左右，呈长方形，用整木雕凿而成的卧式弹奏乐器，用马尾丝搓成固定7根弦，弦下由7枚髀石当琴码。节特根无松紧弦的琴轴，而是通过左右移动

哈萨克乐器

作为琴码的髀石来调节音调高低。由于节特根琴有精良的共鸣箱和琴弦,所以弹奏起来音量大,音域宽,音色优美动听。

拉奏乐器

库布孜是哈萨克族古老的弓拉弦鸣乐器。传统的库布孜,是用整块木头雕凿制成,弯柄,琴颈短,琴腹呈勺状,长60~70厘米,音箱腹面张开,背面下部蒙有驼羔皮或羊皮,上有两根或三根用马尾或牛筋、骆驼筋制成的琴弦,形状酷似展翅飞翔的白天鹅。库布孜可分为克勒库布孜、三弦库布孜、四弦库布孜和桑库布孜等几种。其中,克勒库布孜是最古老的库布孜,其琴体呈弓状,只设一条马尾弦。这种最原始的拉弦乐器,在哈萨克边远山区仍能见到。

据传说,库布孜是由哈萨克族的古代萨满大巫师阔尔库特阿塔发明创造出来的。它是古代萨满巫师用来与神灵沟通的工具。阔尔库特阿塔不仅发明了库布孜,还编写了许多优美的库布孜乐曲。演奏库布孜时,两膝夹琴,一手按弦,一手用马尾弓拉奏,左手拨弦,右手拉弓。库布孜声音细腻深沉、柔和优美,富有张力。

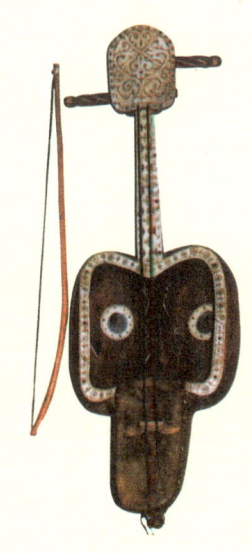

克勒库布孜

为了保护这种哈萨克族古老的乐器，2010年5月18日，伊犁哈萨克自治州申报的"哈萨克族库布孜"入选第三批国家级非物质文化遗产名录。

吹奏乐器

哈萨克族的传统吹奏乐器主要有色布兹格、卡尔德纳依、阿德尔纳依和斯尔纳依。

色布兹格（Sibizghe） 色布兹格是哈萨克族民间艺人最常使用的一种竖吹木笛，被哈萨克人民誉为"心笛"。色布兹格最先用草原上的一种植物制成，如今发展到用松木、骨头、铜片、铁管和钢管做原料。色布兹格长50~70厘米不等，管开3孔、4孔或5孔。原先管外扎套羊肠细绳保护，现改用铜丝。不吹时套木塞，以保护木笛。吹奏前，先吸水润湿管口，用舌尖堵住管口大部，留一小口为吹孔。吹奏时发出不同音阶，同时用喉头发出持续低音，形成双声部，音色柔和。

斯尔纳依（Sirnay） 斯尔纳依即口弦，它在民间有各种各样的形制，原先由泥、角、骨或芦苇制成，现在多用铁、铜、银等金属制成。其形如钳，外圈中部连簧片，簧舌尖端向上弯曲突出。演奏时左手执口弦放在上下唇之间，右手拨簧舌尖端，以气震颤发音。通常由妇女演奏。

打击乐器

哈萨克族传统打击乐器有达布勒、达吾勒帕孜、省达吾勒、当哈拉、斯德尔马克、阿提托亚克、阿克塔亚克、玉兹塔克勒达克等几十种之多。其中极有特色的是"阿提托亚克"。这种击奏乐器由两个组成一对，演奏时互相击打，模拟出马蹄的声音，加之外形类似马蹄，所以哈萨克人称之为"马蹄音"。

传统舞蹈

哈萨克族是一个能歌善舞的民族。当一天的劳作结束后，哈萨克族一家人其乐融融地聚集在毡房里，弹起冬不拉，跳起传统舞蹈。在音乐和舞蹈中,哈萨克人忘记了劳累,放松了心情。在举办盛大的节日或婚礼等喜庆聚会时,舞蹈更是必不可少的一项娱乐。当熟悉的音乐声响起,哈萨克族男女老少不约而同地步入舞池中翩翩起舞。

哈萨克族的传统舞蹈动作来源于哈萨克人的草原游牧生活,是哈萨克人日常生活的真实写照,展现了哈萨克族的生活风貌和民族性格。在这些传统的舞蹈中,最具有代表性的有如下几种。

黑走马舞(Kharajorgha,音译"卡拉卓勒哈")

马是哈萨克人游牧生活最重要的依靠,也是哈萨克人最喜爱的家畜。马有多种步伐,有走马、快马、颠马、步马等。其中,每一种步伐又分若干种,走马分花走马、羊步走马、驼步走马,步马又分狼步等,快马分远程、中程、短程等。哈萨克骑士最喜爱的就是花走马。所以,哈萨克族的许多音乐、舞蹈,就是赞美走马的艺术。如《骑马舞》《驯马舞》《牧马舞》《赛马舞》和《黑走马》等。其中最著名的就是《黑走马》。

黑走马,哈萨克语"卡拉卓勒哈",意为"黑色的走马"。《黑走马》舞可以是独舞,也可以是双人舞,还可以是多人舞、群舞,现在已经发展成为大型广场舞。《黑走马》舞基本步法以花走马的驰骋姿态为主,上肢多用"动肩"和"挥臂"动作,脚下动律感极强。男性动作轻快有力,刚健苍劲,模仿黑走马的走、跑、跳、

哈萨克族舞蹈

> **知识链接** 2009年8月30日,为喜迎新中国成立六十周年,新疆青河县举办了哈萨克族民间舞蹈《黑走马》舞"卡拉卓勒哈"万人展演活动。北京时间12时许,随着《黑走马》乐曲的响起,青河县13 288名身着传统服饰的各族群众,一同跳起了《黑走马》舞,与此同时,1000人弹奏起冬不拉,为欢舞的群众伴奏。这一活动创下了"万人齐跳《黑走马》舞"的上海大世界吉尼斯纪录。为纪念这一天,当地把每年的同一天定为《黑走马》舞"卡拉卓勒哈"节。

新疆青河县万人跳《黑走马》舞

跃神态，在全身一张一弛的律动中表现出哈萨克男子彪悍和豪放的风格。女性动作优美舒展，活泼含蓄，显示姑娘的美丽自信。冬不拉乐曲《黑走马》，是《黑走马》舞固定乐曲。伴随着乐曲节奏，舞蹈者可以尽情发挥，把劳动、生活中具有浓郁草原特色的各种动作融进舞蹈，使得《黑走马》舞每次都有新意。2009年《黑走马》舞被列入第三批国家级非物质文化遗产名录。

圆月舞（Ayjiarekh，音译"阿依加勒克"）

"阿依加勒克"是一种广泛流行于哈萨克地区的民间集体舞蹈，译成汉语意为《圆月舞》。跳舞时，年轻人先双双配对，再依次排队列成环形圆月状共舞。因为《圆月舞》需要两人一组，这就为哈萨克青年男女传递感情提供了机会，深受青年人喜爱。

《圆月舞》舞蹈有自己固定的音乐，跳舞者要按照音乐节奏展开动作。舞蹈时双人对舞，舞蹈动作是固定的，主要有拍手、跺脚、自拍、互拍、双双旋转、并排旋转、换位旋转和交换舞伴等。《圆月舞》在跳舞者个人根据音乐的节奏自转的同时，所有跳舞者还要集体围着圆月状的中心旋转，十分具有美感和感染力。

劳动舞（Engbiek By，音译为"恩别克比"）

哈萨克人的游牧生活和日常劳动生产为传统舞蹈提供了源源不断的素材和灵感。哈萨克人善于从自然的花草树木、飞禽走兽，以及日常劳动中提炼出舞蹈动作，融汇到传统舞蹈中，使之丰富多样。

在长期的狩猎过程中，哈萨克人细致观察了各种动物，掌握了动物的动作特征，并编成了舞蹈，丰富了哈萨克族的舞蹈艺术。如《熊舞》《斗熊舞》《瘸熊舞》等舞蹈都表现了哈萨克猎人猎熊时的情景，惟妙惟肖地模仿出狗熊的各种动作。《鹰舞》把鹰在空中翱翔、在暴风雨中搏击、捕获猎物的动作刻画得淋漓尽致。天鹅被哈萨克人认为是圣鸟，哈萨克女子模仿天鹅优美的动作并编成《白天鹅舞》，表演时自然天成。

哈萨克女子在自己的日常劳动中，将动作提炼出来也编成了传统舞蹈。如《擀毡舞》就是按擀毡工序，把打毛、铺毛、洒水、刹绳、拴绳、晒毡等整个擀毡过程，用舞蹈体现出来的。其他有《挤奶舞》《剪毛舞》等。而《劳动舞》，哈萨克语称之为"恩别克比"，是一个集体舞蹈，表现忙碌而欢快的劳动场面。

传统图案

哈萨克族民间图案艺术独树一帜。它最早产生于石器时代晚期，到了青铜器、铁器时代进一步发展。在塞人墓出土的金器、青铜器、铁器、木器和皮革制品上的精美图案，说明那时的工匠已经具备了很高的水平，已经有了断纹、粗细线条、点纹、三角等图案。到了8—10世纪，哈萨克族的民间图案内容和形式也有了变化并有了相应的名称。

图纹样式（Ornek，音译"沃尔涅克"）

哈萨克族的民间图案艺术题材多样。哈萨克族虽然以游牧文化为主，但其民间图案包含的内容丰富，不仅有游牧生产生活和农业生活的内容，从山间草原到自然天象，从飞禽走兽到各种花卉，从几何形纹样到部落的符号标志，这些都被哈萨克人设计成精美的图纹。哈萨克的图案艺术富于象征性和创新性，体现出哈萨克人的艺术爱好和审美情趣。

动物图纹 作为游牧民族，动物在哈萨克人心目中有着重要的位置。也

◀ 挂毯

正因为如此，像羊角纹、鹰喙纹、鸟翅纹、爪行纹、腭形纹、小牛齿形纹、毛虫形纹等图案在哈萨克人的生活中运用非常广泛。在这些图案中，应用最多的是"羊角纹"，通常模仿雄性岩羊、盘羊犄角，是动物犄角的艺术再现，是哈萨克族民间图案最基本的构图，也最常用。哈萨克人擀制的花毡，基本都是羊角图案。

挂毯

植物图纹 哈萨克人将草原上盛开的各种鲜花和枝叶也设计成图纹，用来象征幸福美好的生活。植物图纹主要有草花纹、花蕾纹、团花纹、束花纹、铃铛花纹等。这些花草图纹都有自己的特点，又富于变化，可用在不同的构图中。植物图纹多用在地毯、靠枕上。

自然图纹 哈萨克人将大自然的景观也描绘在自己的生活图案中，并逐渐形成了山纹、水波纹、云朵纹、日月纹等。

靠垫

几何图纹 几何图纹是最古老的图纹之一，主要包括直线纹、曲线纹、三角形纹、方形纹、菱形纹、心形纹等。哈萨克传统木箱、木柜和木制器皿上则多刻绘几何图形。

花毡

哈萨克族民间图案主要是以对称和重复为主，讲究整体构图完整。"对称"，既表现为单个纹样的对称，又表现为整体图案的对称。在设计图案时，娴熟的艺人在脑海里构思成图，直接刻画或绣出图纹的四分之一或二分之一，然后，在纹样处对称描出，形成一个完整的图案制品。"重复"，则是一系列等距的图案不断重复，这如同音乐中主题旋律的重复一样，使得图案本身也具有了一种韵律感。

图案颜色及含义

哈萨克族喜欢用绚丽的颜色表达自己的思想感情和民族个性。在颜色上，不同的颜色有不同的象征意义，体现出哈萨克人的文化内涵、心理偏好和对世界的理解。

在颜色内涵上，黑色是黑土地的颜色，象征着庄重、永恒和古老的大地；红色代表着太阳和火焰，象征着光明；绿色代表着春天，象征着万物苏醒，给人一种美好的祝福。蓝色象征着天空，给人以自由的空间；黄色是五谷丰登的色彩，象征着富贵；白色是乳制品的颜色，代表着纯洁和欢乐；褐色象征哈萨克人及其先民追求的完美、和谐、理想、优雅的精神境界。

◀ 壁挂

在颜色搭配上，哈萨克人以强烈的红、蓝、绿、褐等对比色形成补色效应，呈现阴阳互补、虚实相生、优美和谐的色彩效果。常用组合的色彩有蓝黄组合、蓝绿组合和红黑组合等。具体到某个图案时，往往有核心色和辅色之分，其中核心色为白色、红色、绿色、黄色和蓝色。哈萨克人将这些颜色组织在一起，表达某个完整的意思，表现了哈萨克人的生活或情感。

岩画艺术

哈萨克族生活地区岩画丰富多样，这些岩画内容大多以表现动物为主，刻画有单人、岩羊、盘羊、公鹿、马、骆驼、狼、虎

草原石人

等。但是，篇幅要小，只有几只动物为一组，刻画于一块巨石，或者一块石岩上，呈现着赭红色或灰白色，千古未退。

最著名的是呼图壁县境内的康家石门子岩画。这匹岩刻于巨大的峭壁之上，是游牧民族对北半球北部星空的划分释图。游牧民族逐水草而居，生产、生活、生存方式有其客观的时令性。何时接羔、何时剪毛、何时抓膘、何时分圈、何时出栏、何时配种、何时烙印、何时驯马、何时储草（打草）均有其严格的季节时段，在远古是要看着星空分辨的。四季转场、远程迁徙是需要跋山涉水，方能前往陌生之地。白天可以根据太阳判断方向，夜间只有星星才是路标。更何况发生征战、行军同样需要辨别方向。因此，对于北方星空的认知和记忆在游牧民族中很早就开始了。在辽阔草原随心所欲迁徙的先民们，对苍穹闪耀的群星或以英雄的名字、或以神射手的名字、或以豪杰的名字、或以美女的名字、或以良骥的名字命名，并插上想象的翅膀，幻化为传说，千古流传。

射箭（阿尔泰）

有一则流传至今的哈萨克民间故事《七个强盗与铁桩》，便

呼图壁县康家石门子岩画

与北方星空有关。

克兰卡拉(khrankhara)是四十个强盗的头领。他想聘娶天穹的美女乌勒普勒德克(ulpildek)。但是,乌勒普勒德克嫌他是个盗贼,不愿下嫁给他。她的父母、兄长、亲友、部落里的人也都把天穹的美女乌勒普勒德克嫁给一个双手沾满鲜血的强盗视以为耻。克兰卡拉未能说服他们,便开始准备通过征伐,强行夺娶乌勒普勒德克。克兰卡拉换乘快马追赶,没能追上骑着苏鲁萨尔(sulusari,黄骠马)逃离的乌勒普勒德克。

克兰卡拉未能抓获乌勒普勒德克,便在天空漫游,寻找能够追及苏鲁萨尔的骏马。只有住在北方天空的两位英雄阿伽依(aghay)和瑟嘎依(sghay)拥有的白马(akhbozat)和青马(kokbozat)称得上是这样的骏马。克兰卡拉欲盗得这两匹骏马,来追上苏鲁萨尔抓获乌勒普勒德克。他携七个强盗踏上征程。他们对绕着北极铁桩(tiemirkhazekh,北极星)而住的那些阿吾勒(星星们)发起攻击。这七个强盗中前面有四个,后面那三个若即若离,是他们的追随者。两侧的两颗明亮的星星,是两位英雄阿伽依和瑟嘎依。那两颗并排的星星便是白马和青马——是两位英雄的坐骑。它们被拴在铁桩(北极星)上,长长的拴马绳也可望见。他们的马绕着铁桩食草。惦记着它们的七个强盗(北斗七星),彻夜围着它们打转。强盗们无论如何都想盗得它们。警醒的守护者不眨眼地守着它们。就这样黎明到来。天一亮,七个强盗无奈作罢便从眼前消失。

四十个强盗头领克兰卡拉为患一方,惊恐的众星便寻着月亮和太阳的足迹,绕着天空,不停地奔波,颠沛流离,不得不持续迁徙。唯有每月靠近月亮获得一次喘息的机会。他们想定居下来,但又惧怕七个强盗会来抢走乌勒普勒德克。乌尔凯尔原来也是七颗星,但能让人看到闪闪发光的只有六颗。当七个强盗来劫掠时,她们受到惊吓,所以被称为受惊(乌尔凯尔 urker,昴宿)的星。其中最明亮的一颗为少女。乌尔凯尔为了保护女儿,聚集在一处,不让他人看到女儿,不然会被七个强盗劫走。

一则完美的关于北方星空的传说故事,正是这幅岩画无声的回音和注脚。

传统体育与游戏

传统体育

哈萨克族传统体育项目丰富,主要有姑娘追、叼羊、赛马、马背角力、马背拾银元、摔跤、拔河等。在娱乐的同时,还可通过这些体育项目强身健体,切磋技艺。

姑娘追(Khiz Khuwar,音译"柯兹库瓦尔") "姑娘追"是哈萨克族独有的富有情趣和浪漫色彩的体育娱乐活动,也是最受欢迎的传统体育项目,通常是在婚礼、喜庆和节日里举行。

一般是由两个不同部落或不同地区的哈萨克人各选派出一个代表,一男一女两人一组进行活动。两人都要

姑娘追

好马、鞭子、美女与俊男：姑娘追

骑上各自的好马，从终点并辔走向人们目力所及的起点。在去程中，小伙子可与姑娘逗趣，开各种玩笑。按照传统风俗"怎么嬉闹逗趣都不为过"，姑娘也不能为此生气。到达指定起点后，小伙子立即拨转马头向终点纵马疾驰回返，姑娘也要立刻在后面策马扬鞭紧追。如果姑娘马好且骑技高，瞬间就会追上小伙子的坐骑。于是，姑娘就可以在小伙子的头上频频挥舞马鞭佯装要抽打他。如果姑娘心仪小伙子，她就会把马鞭高高举起，轻轻在小伙子背上抚弄几下，让小伙子心中有数她是在鞭下留情。如果姑娘不喜欢小伙子，甚至小伙子在去程说的玩笑话失度，马背上的动作太过分，让姑娘心生反感，姑娘便会毫不留情，挥起鞭子招招抽下，临到终点，还会用鞭杆拨落小伙子头上的帽子，让小伙子颜面扫地。任何时候小伙子都不能还手，只能在马背上左避右躲双腿猛刺马肚让坐骑提速，以便逃离姑娘手中挥舞的马鞭的威胁。当然，也有些姑娘的马跑不快，追不上小伙子。这时如果是有风度的骑士，他会让自己的坐骑缓下来，等姑娘追上来了再提速,如此反复,也是一种乐趣。而观众会为获胜的姑娘喝彩助威,也会为她的快马叫好助兴。

"姑娘追"是一项饶有风趣的群众性体育活动,它不仅展示了不同部落或家族的风采,也为许多不同部落和地区的哈萨克青年男女提供了相识的机会。当然,它并不是少男少女的专利,不少已婚的成年男女也喜欢参加。"姑娘追"为草原上的哈萨克人带来了轻松快乐的时光,已成为草原体育文化中最受男女老少欢迎的传统体育项目之一。

叼羊(Kokbar,音译"库克巴尔") 叼羊是哈萨克草原普及最广、规模最大、影响最深的群众性马上娱乐项目,多在喜庆佳节和婚礼上举行。从七岁的孩童到七十岁的老人都可参加叼羊。

叼羊

在举办叼羊活动的前一天晚上,主人就会宰好一只山羊,割去羊头和四蹄,扎紧食道,浸泡在小溪里。通过彻夜浸泡,山羊皮更有韧性。当骑士们撕扯抢夺时,山羊就不容易被连皮带肉地撕开。这样可以大大延长叼羊的时间,增强叼羊的烈度。叼羊开始之前,参赛叼羊的骑士们按部落分成两组。每组各出一人一骑相互对叼。先将羊扔在出赛的两人中间,两人立刻催马上前俯拾。先拿到羊的骑手不能夺了羊就跑,而是要在马上和对手角力。夺得羊的一方会将羊压在胯下,一手管马缰,一手抓住羊的后腿压在马鞍上,对方则要抓住羊的两只前腿拽拉。这种方式多采用淘汰制或循环制。最后以一方无人可争夺时为胜。这种一对一的叼羊比赛主要是考验骑手和马的有机配合，是骑手间的角力较量。

群体的叼羊活动讲究的是团队配合和战略战术。两组骑士互相争夺叼羊，其中一人夺羊之后要立即策马驰离。对方会围追堵截，你抢我夺，你追我赶，骑手们激烈角逐，难解难分时，会有数百骑挤作一团。而遇到双方各抓住了一只羊腿时，各自的队友们就要帮助自己人抢夺成功，同时要隔住对方驰援的队友。于是，又一轮争夺开始。这样几经反复，最终总有一个力戕群雄的骑手携羊奔去，让他人望尘莫及，就算胜利。

按照哈萨克草原风俗，获胜者可将叼羊丢到一家毡房门前。这家毡房的主人则以此为荣，并将羊皮剥了，将羊肉下锅，准备丰盛的家宴招待叼羊的骑士们。

赛马（Bayge，音译为"拜格"）　赛马是哈萨克民间最盛行的一项群体性体育赛事，是哈萨克草原生活中不可或缺的重要内容之一。在举办婚礼和欢庆佳节时，赛马是必办的娱乐项目。一旦有即将举行赛马的消息传布，草原上的人们便要做赛马前的准备。

赛马准备一般从选马开始。哈萨克族历史上有丰富的选马经验，在民间有职业相马士，他们的洞察力普通人难以企及。有些参赛骑士便会请相马士帮他们从马群中选赛马精心饲养训练。及早开始单独喂养赛马，每日定时定量喂生鸡蛋、胡萝卜，以及精草料、燕麦等。但不能多喂，不能让赛马积膘，以免影响速度。在加强营养的同时，每日还要驯赛马，消耗多余脂肪，最终使赛马身轻如燕，富有耐力。

在比赛前，赛马会被打扮一新。为防止刘海过长，影响马的视线，骑手会将马额刘海扎拢，并扎结猫头鹰羽毛，以示吉祥。赛马的鬃毛和尾巴也分别用各种颜色的布条编织或扎起。然后在赛马背上披上披挂，配以轻便的笼头。赛马时不备马鞍，只配鞍鞯，赛走马时则要备齐鞍具。

赛马比赛分为赛走马和赛跑马两种。赛走马比赛要

◀ 雪地赛马

远程赛马

求骑手有高超的骑技，能够把马压住，既要让马走得稳、健、美，又不能让马跑起来。这主要是赛马的花走步式、速度、耐力、稳健和美观。参赛骑手都是成年人，用五岁以上的成年马参赛。

赛跑马是比试马的速度和耐力，以先到达终点为胜。骑手大都是少年，有时也有小女孩参赛，多用三岁以上的马。

按照哈萨克人的传统风俗，在赛马会上每当赛马的骑手到达终点时，都会呼喊本部落的口号，听到部落的口号后，观众中同一部落的人都会齐声呼应，很有气势。如果在赛马赢得了第一名，这不仅是马主人的光荣，也是整个部落的光荣。如果得到了奖励，马主人绝不会独享，而是与亲人和同部落的人分享。

除了赛马，还有其他一系列马上竞技比赛项目，如马上角力（即马上摔跤）、骑马拾银元、马上拔河、骑马抢布、马上投石、骑马跨越障碍等。

摔跤（Kures，音译"库勒斯"） 摔跤是哈萨克族特别喜爱的一种传统体育活动，也是哈萨克族群众文化娱乐生活中必不可缺的传统竞技项目。哈萨克族摔跤有其独特的服装、规则和方法，因此也叫作"哈萨克式摔跤"。摔跤手身穿套裤用白绸子或各色绸料做成，宽大多褶，套裤双膝部位绣有别致的图案。脚穿马靴，要戴宽皮带或缠绸腰带。

哈萨克式摔跤的最大特点是不准抱腿、抱头，不准突然从背后把人拉倒，不准触及眼睛和耳朵，不许扯头发、踢肚子或膝关节以上的任何部位。哈萨克摔跤技巧，可以用捉、拉、扯、推、压等十三个基本技巧演变出一百多个动作。

哈萨克式摔跤

在古代的摔跤比赛中，不分等级，先被摔倒者即为输。近代要求摔倒后必须双肩触地才算是输，同时也根据体重分等级比赛。

角力（Kux Salesu）　哈萨克族的角力方式有几种。一种是裁判将一根绳索两头绑死，然后令两位角力士头朝相反两个方向跪卧，由裁判将绳索套在两位角力士脖子上，两位角力士要将绳索挎在两手和两腿之间，与对方相连。裁判号令一响，两位角力士便朝相反的方向使力，围观的众人会欢呼鼓劲，以一方将对方拖出规定的画线为胜。还有一种是两位角力士面对面站好，稍留距离。由裁判将绳索两头扎好，套在两位角力士脖子上(也有套在脑枕处的)，然后随着号令向后使力，以将对方拽过规定画线者为胜。另一种角力竞赛是抱羊石。哈萨克人把圆形大块石头叫羊石，就是有活羊大小的石头。角力士们会互相比着来抱羊石。简单的只是能原地把羊石抱起放下即可，显示角力士的爆发力；如想比耐力，则得把羊石抱起走几步放下；还有一种是把羊石抱起举到胸前。只有能完成者胜出。

放鹰（Burkit Salu）　放鹰也是哈萨克族传统体育娱乐项目。在哈萨克族的传说里，雄鹰是唯一能直视太阳而眼睛不被灼伤的神鸟，雄鹰永远是搏击蓝天的终极猎手。驯养雄鹰的猎鹰手被哈萨克人尊称为"库斯别克"（Khus Begi）。猎鹰手在捕捉、驯养和狩猎中都有一套古老而严格的传统。

扑向猎物的鹰，一只狐狸将难逃雪原

猎鹰手会从悬崖峭壁上

鹰列队 ▶

的鹰巢逮回雏鹰,或用网罩捕获成年鹰,之后加以驯化。驯养一头猎鹰需要花三至四年的时间。

第一步,"熬鹰"。用皮面罩蒙住鹰头,让它看不见,然后让鹰栖息在一根悬空横吊的木架上,由专人不停地来回摇动,使鹰无法立稳,更无法安睡。连续数昼夜之后,鹰因极度困乏而晕倒在地。这时就向它头上浇凉水,使它苏醒过来。不能给鹰喂食,只能给它饮用茶水或盐水,使其一直处于适度的饥饿状态。威风凛凛的雄鹰此时已有气无力,约半月后,鹰就逐渐被驯化。

猎鹰手们的节日:聚会放鹰
▼

第二步,室内喂食。驯鹰手把肉放在手臂的皮套子上,让鹰飞过来叼着吃。这时的鹰看见肉就不顾一切去叼,驯鹰人慢慢地将距离拉远,让鹰飞过来吃,并且每次都不能让它吃饱。如此反复多次,等鹰消除了对人的恐惧和抵触后,就可以室外调驯了。

猎鹰手与猎鹰

第三步,室外驯鹰。在室外驯鹰时,先把雄鹰尾部控制平衡和升降的16根羽毛用线缝起来,使鹰只能在小范围内飞动。驯练时用拴在草地上的活兔或是绑块鲜肉的狐狸皮做猎物,让鹰从空中俯冲叼食。这样训练一段时间,就拆去尾部的缝线,但仍要在鹰腿上系一根长绳子,像放风筝一样让它猎物。捕到猎物后也不能让它吃,反复多次,到最后才允许它吃。等练熟后,可将手中的绳子松开,但不能将腿上的绳子解开,这样即使鹰飞走了绳子还在空中,猎手骑马很快就能追回来。驯鹰人还要不断对着猎鹰说话,让自己的声音铭刻在它的脑子里,等它长大

后,猎鹰也就能识别出并只听从主人的命令了。

每到冬季出猎,哈萨克猎鹰手骑上骏马,戴上牛皮手套,驾鹰而出。一般的驯鹰人所养的鹞子或隼,只能擒获野兔、野鸡;雄鹰可以捕获狐狸、黄羊、狼,甚至小熊。放鹰捕猎也是哈萨克草原一件盛事,猎鹰手还会带着猎犬驱赶猎物。有时,几个猎鹰手一起出猎,比试雄鹰捕猎雄风。当然,按照猎鹰手们的规矩,猎获物自有一套分享办法。

传统游戏

哈萨克族传统游戏种类很多,有打髀石、抛玉骨、秋千对唱、五石子、九子棋、木偶山羊舞等。

髀石(Asikh Atu,音译"阿斯克") "打髀石"是在哈萨克族儿童中非常盛行的一种游戏。哈萨克族儿童会收集各种各样的髀石,并给它们染上五彩的颜色,有的还会灌进金属或缠上金属丝,以增加游戏的趣味性。

> **知识链接** **"髀石"** 牛马羊及其他偶蹄、口蹄类动物后腿膝关节处轮骨。髀石是我国古代北方少数民族的狩猎用具,后逐步演变为一种游戏。

"打髀石"人数不限,先在地上画一道横线,每个人都把各自的髀石摆在线上,然后站在规定的距离外,手拿主髀石(Sakha,音译"萨哈")向地上的髀石掷击,以击中与否或击出的距离远近定胜负。当主髀石击出地上的髀石后,达到规定距离以外,被击中的这个髀石就归击中者了。哈萨克儿童为自己能赢得和积攒更多的髀石而感到骄傲。这种游戏锻炼儿童的手眼协调能力。

玩髀石

抛玉骨(Akhsuyek,音译"阿合苏叶克") 这个游戏一般在月光下玩。两组(两个人也可以玩)少年把预选好的牛羊的白棒骨扔向远方,骨头落地,所有人都朝着投掷方向去找,看哪一组人先找到,并返回原地者为胜。这种游戏可锻炼少年速跑能力、眼力和团队协作的精神。

秋千对唱(Altibakhan,音译"阿勒特巴汉") 在两棵树或两个柱子之间拴上三股大绳,就可成为一幅简易的秋千架。一男一女或两男两女双臂各挽一条绳子,双方的脚共同蹬中间那条绳子,下面有人推拉,而男女双方则一方向前蹬,一方向后蹬,边荡秋千边唱歌,内容大都是情歌。

五石子儿（Bestas,音译"别斯塔斯"）　五石子儿,也叫作抓石子儿,哈萨克语是"别斯塔斯",一般是哈萨克族女孩子爱玩的游戏。

首先要准备五颗石子儿,要圆、润、大小相同,直径约1厘米左右为宜。然后两人席地而坐。一人先抓住五颗石子儿,精心在地上撒开,然后拿起其中一颗石子儿向上抛,趁向上抛的石子儿未落地前,立刻抓起地上的第二颗石子儿,再接住刚才向上抛起的石子儿。依次类推,最后要抓起第五颗石子儿。第一轮结束后,第二轮就是一次抓两颗石子儿,第三轮要抓三颗石子儿和一颗石子儿,第四轮就是四颗石子儿要一次全部抓住。最后将手心里的五颗石子儿同时往上抛,此时迅速翻过手掌,让五颗石子儿稳落于手背,然后再往上抛,以手心接住,游戏成功。以手背接住几颗(至少一颗)石子儿,翻手就要抓住几颗石子儿,石子儿数量记做游戏分数。如果抛起的石子儿没接住,或者地上的石子儿没抓起,这轮游戏结束,换下一个人玩。

▲ 五石子儿

木偶山羊舞（Orteke,音译"沃尔铁克"）　"沃尔铁克"是哈萨克民间流传的传统游戏。它是哈萨克族人用木头和辅助材料羊皮、马皮或牛皮等制作的近似木偶的一种山羊道具,其腿部可以灵活活动,然后用细线圈套在冬不拉弹奏者的手指上。当弹奏者用手指弹奏冬不拉时,木山羊受细线的牵动可以随着乐曲的节奏翩翩起舞。表演者还可以用木山羊模仿山羊在山间觅食、嬉戏等一系列动作,动作诙谐、传神。也可由多人同时表演,每人吊一只"木偶山羊"。木制的山羊还可以用油漆绘制成红色、绿色、黑色,有的甚至可以制作成大型的木山羊。"沃尔铁克"流行于农牧区,为人们的生活增添欢乐。

◀ 木偶山羊舞

第五章
传统文学

　　哈萨克族的传统文学分为民间口传文学和书面文学。民间口传文学又分为英雄史诗和爱情长诗、民间故事等，当然还有许多长诗和阿肯对唱，迄今保持了久远的文学传统，将哈萨克族的历史、部族、文化、地域、山川、迁徙、征战等海量信息容纳进来，成为哈萨克历史文化和文学研究的宝藏。

哈萨克族的文学传统历史久远。在阿尔泰共同语、上古突厥语、古代突厥语、中古突厥语和近现代哈萨克语五个时期，均有哈萨克族的文学产生。学者研究认为，关于古代突厥语及其碑文的研究，已经构成哈萨克语文学的一个单独分支。

哈萨克族的传统文学分为民间口传文学和书面文学。民间口传文学又分为英雄史诗和爱情长诗、民间故事等，当然还有许多长诗和阿肯对唱，迄今保持了久远的文学传统，将哈萨克族的历史、部族、文化、地域、山川、迁徙、征战等海量信息容纳进来，成为哈萨克历史文化和文学研究的宝藏。

民间文学

哈萨克族民间口传文学是在长期游牧生活中逐渐发展起来的，体裁种类多样。主要包括神话、民间传说、民间故事、民间歌谣、民间叙事长诗和民间对唱（阿依特斯）等。可以划分为信奉伊斯兰教之前和皈依伊斯兰教之后两大阶段。

神话

早期神话应当产生于哈萨克族信奉伊斯兰教之前。在哈萨克族的古老神话中，自然界里的一切事物和现象都具有神灵。这体现了哈萨克先民自然崇拜的原始信仰特征。而且神话中的各神祇都各司其职，彼此互不统领，相互间没有高低上下之别。

从对后世的影响力来看，苍天（Tangr，腾格里）崇拜是哈萨克人心目中最伟大的神。苍天（Tangr，腾格里）一词含有"天空"和"天神"两重含义。在神话中，苍天不仅创造了整个世界和人类，同时又是哈萨克各部落的保护神。苍天（Tangr，腾格里）也常常被后人称为"加萨甘"（造物主）。

哈萨克古老神话中还有另一位显赫的"乌麦"女神，她是主管生育的女神，也是妇女和儿童的保护神，在哈萨克民间流传极广。另一个女神"火神"也是十分重要的神，被称为"火母"（Ot Ana，沃特阿娜）。直到现在，哈萨克族在迎娶新娘的仪式上还可见到与敬拜火母有关的习俗。

在哈萨克族神话中，自然界万物有灵，如日神、月神、云神、风神和山神等。还有动物保护神。古时哈萨克人将狼、鹿、熊等认为是神兽，把鹰、白天鹅、鸽子等称为是神鸟。在原始畜牧业中，每种牲畜也都具有自己的神灵，如马的保护神叫"康巴尔阿塔"（Khambar Ata）、骆驼的保护神是"奥依斯尔哈拉"（Oysirghle）、绵羊的保护神是"巧潘阿塔"（Xopan Ata）、山羊的保护神是"榭克榭克阿塔"（Xekxek Ata）、牛的保护神叫"赞格巴巴"（Zangi Baba）。

哈萨克族神话中，还有古老精灵。有一种精灵叫"库特"（Khut），这是一个善良的、能够带来福祉的精灵，至今哈萨克人在彼此祝福时都会说"库特博勒松"（Khutti Bolsin）。与"库特"相对应的还有一个邪恶精灵"阿勒"（Al），哈萨克人说"阿勒巴斯特"（Al Basti），表示将灾难临身。

哈萨克族民间还有不少关于"银河""彗星""流星"和"彩虹"的传说和歌谣。哈萨克人根据昼夜交替、月亏月盈、四季更替的自然规律，确立了自己的历法。

《加萨甘创世》是一部哈萨克族的创世神话。它是原始时代的产物。在漫长的流传过程中，经过后人的不断丰富，已成为一个完整的关于宇宙起源、人类起源和文化起源的神话体系，包含哈萨克人最原始的信仰，体现了哈萨克先民的自然崇拜，具有哈萨克族传统游牧生活特征。

《加萨甘创世》神话认为世界是加萨甘创造的。在此之前，天地最初都很小，天只有巴掌大小，地只有马蹄般大，整个宇宙都被黑云笼罩。加萨甘把天地做成现在这么大，并分成三层，即天空、地面、地下。为了固定，用高山来把大地钉在巨牛一只犄角上，当巨牛摇头驱赶蝇虻，或把大地从一个犄角挑换到另一个犄角时，地震便会发生。

《加萨甘创世》神话中创造人类的方式与其他民族的神话明显不同。哈萨克神话中的加萨甘不是直接用黄土造人，而是先在大地的中心栽了一棵生命树。生命树长大了，结出茂密的灵魂。灵魂的形状像鸟儿，有翅膀可以飞。加萨甘又用黄土造了一对小泥人，留下肚脐，用火烧制，然后取来灵魂，从小泥人口中吹进赋予生命。于是，小泥人便站立起来变为一男一女，男的叫阿娲

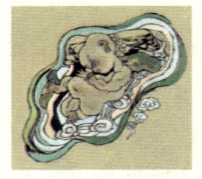

▲

加萨甘创世

阿塔（Avel Ata），女的叫阿娲阿娜（Avel Ana）。加萨甘让这一男一女婚配。他们前后共生了二十五胎双胞胎，每次都是一男一女。后来，发展成了二十五个部落，这是人类的先祖，以后又发展成了各个不同的民族。

魔鬼是人类的公敌，经常造孽作恶。加萨甘就用弓箭射魔鬼。雷就是鸣镝发出的呼啸，闪电便是离弦之箭的火光，陨石是飞落的箭镞。天空也有人。天上的彩虹，哈萨克人称之为"肯普尔霍萨克"（Kempir Khosakh），是哈萨克妇女挤羊奶时用来拴住奶羊的弧形绳圈。

《加萨甘创世》神话生动地反映了古代哈萨克人灵魂不灭的观念，体现了哈萨克先民早期的祖先崇拜。哈萨克神话显示，在人间，生命树上的每一片叶子代表着一个人的灵魂。新生命诞生就会长出一片新叶子。同样，有人死去，一片叶子便会枯萎凋落。但人死之后，灵魂是不灭的，会保护自己的子孙后代，随时给他们以佑助。所以，哈萨克人有一句谚语："亡灵不悦，活着的人将一事无成。"因而，哈萨克族祖先和英雄的灵魂成为部落的保护神。所以哈萨克人在赛马、摔跤、征战时，要呼唤部落祖先的名字，或呼唤本部落英雄的名字，祈求他们的神灵佑助。

民间传说

哈萨克族民间传说一代代流传。这些传说一部分源自古老的神话，是神话历史化和现实化的衍变，如哈萨克族的民族起源传说就来源于古老的图腾神话；一部分是古代著名人物和事件因过于依托古代信仰而被神圣化，例如阔尔库特阿塔的传说就属于这一类型。此外，古代各部落在融进哈萨克民族的时候也把各自的传说一同融会进来，丰富了哈萨克族的民间传说。

哈萨克族民间传说种类丰富，可分为如下几类：关于哈萨克民族起源传说，如狼种起源说和天鹅起源说等；以日月星辰为讲述对象的天体传说，如《日月传说》《北斗星的传说》等；讲述乐器和乐曲来源的传说，如《冬不拉的传说》等；追溯某一风俗习惯来历的传说，如介绍节日来历的《纳吾热孜节的来历》，释义哈萨克人视褐首绵羊为吉利象征物的《褐首绵羊》等；还有山水风物传说，如《伊犁河的传说》《赛里木湖的传说》等；讲述

▲

《赛里木湖的传说》书影

历史人物活动和事迹的人物传说，如阿桑海戈的传说、阿布莱汗以及他的著名将领们的传说等。这些传说，或传递着民族文化意识，或向后人传授相关生活知识，或通过神奇的传说丰富人们生活的娱乐性，或通过可歌可泣的英雄传说增强民族凝聚力，至今影响着哈萨克人的生活。

民间故事

哈萨克族民间故事反映了不同时代哈萨克人民的生活、思想、情感和愿望，可分为幻想故事、世俗故事、动物故事、人物故事等四种类型。

幻想故事以魔法故事为主，通过丰富的想象、奇异的构思来编织情节。例如《阿勒克蔻尔根》《骑栗色马的坎德拜》等有关射手和牧人的幻想故事，生动反映哈萨克先民们战胜自然的艰难历程。

世俗故事则是反映哈萨克普通牧民日常生活，如《阿格依夏》《三兄弟》等。

动物故事是以动物为主角，讲述动物习性和特征，如《骆驼喝水时为什么四下张望》，还有些故事深含寓意，折射人生经验和哲学，如《狮子和牛的友情》《狮子、狼和狐狸一起狩猎》《两只鹿》等。

系列人物故事是以同一个人物作为主人公的若干故事。如阿勒达尔·库萨的故事、吉林谢的故事、霍加·纳斯尔的故事等。其中阿勒达尔·库萨和吉林谢是哈萨克族独有的机智人物故事；霍加·纳斯尔则是人们所熟悉的阿凡提，它广泛流传于中亚地区，在不同的民族中有不同的称呼。

民间叙事长诗

民间叙事长诗在哈萨克语中称之为"达斯坦"，是哈萨克族一种历史悠久的韵文体创作体裁。每部达斯坦都有一个完整的故事，情节跌宕起伏，有时一部达斯坦可以唱上一天一夜。哈萨克人将善于叙唱达斯坦的人称为"达斯坦奇"，他们具有超强的记忆力，娴熟的冬不拉弹唱技巧。在古代，哈萨克民间叙事长诗基本上靠口头传唱，口耳相传来传承和延续。

现存的哈萨克族民间叙事长诗经搜集整理有200多部，这些民间叙事长诗在讲述故事的同时，也反映了古代哈萨克人的历

《哈萨克民间达斯坦》书影

史、社会生活、风俗习惯和民族文化等，因而民间叙事长诗也被称之为哈萨克族历史的"活化石"。2007年，"哈萨克族民间达斯坦"申报为第一批自治区级非物质文化遗产。2008年，"达斯坦"又列入国家级非物质文化遗产保护名录。

英雄叙事长诗（英雄史诗）

哈萨克英雄史诗形成年代久远，以哈萨克英雄事迹为题材，故事情节曲折动人。这些英雄史诗讴歌的主人公经历过艰难曲折，折射着哈萨克族的历史缩影和远古神话的烙印。他们的出生总是带有感生神话的印迹，如英雄的母亲或吃了狮子肉，或喝了大象奶，或有托梦预兆，才生下他们。英雄诞生后成长神速，身材魁梧，力拔山河，就连英雄的武器和坐骑也具有神奇的法力。英雄们对自己的民族赤胆忠心，以无所畏惧的献身精神保家卫国，赢得斗争。这些源自古老年代的英雄史诗，具有丰富的哈萨克族史料和文化研究价值。

最著名的英雄史诗有《阿勒帕米斯》《阔布兰德》《英雄塔尔根》《哈木巴尔》《哈班拜》等。其中，《阿勒帕米斯》和《阔布兰德》这两部宏伟史诗的产生时间很早，可追溯到父系氏族公社解体时代。《英雄塔尔根》则是以15世纪的历史事件为背景。《哈班拜》《博根拜》《贾尼别克巴图尔》和《萨巴拉克》《阿尔卡力克》等则是以18—19世纪的著名历史人物为主人公的英雄叙事长诗。

爱情叙事长诗

哈萨克族爱情叙事长诗多以悲剧结尾。这些爱情叙事长诗中的主人公是一些具有细腻情感的年轻人，他们为了争取爱情和婚姻自由而与宗法制度做斗争，甚至不惜失去自己宝贵的生命。这些爱情叙事长诗赞美了哈萨克族青年男女纯洁真挚的爱情，深刻揭露了封建宗法专制社会的罪恶，富有感染力。

产生于不同时期的爱情叙事长诗有几十部之多，有《少年阔孜与少女巴彦》《柯孜吉别克与托列根》《恩丽克美人与库别克情郎》《阿依曼与乔勒潘》《喀拉库孜》《哈勒克曼与玛娜儿》《奴隶与姑娘》《萨里哈与萨曼》等。其中《少年阔孜与少女巴彦》是哈萨克族爱情叙事长诗中最有代表性和最具影响力的作品。全诗约有3

万行，二十多种变体，是经过漫长的历史筛选锤炼而成的艺术珍品。阔孜和巴彦的名字现已成为忠贞爱情的象征，他们的故事被誉为是哈萨克族的"罗密欧与朱丽叶""梁山伯与祝英台"。

黑萨长诗

"黑萨"原为阿拉伯—波斯语词语，意为"传说"。黑萨长诗以外来的传说故事为题材，带着浓郁的外来文化气息。这些长诗的题材大都来自阿拉伯、波斯的传说和故事，应当说，是哈萨克人皈依伊斯兰教以后传入的新的诗体。哈萨克人通常在原有作品基础上进行再创作，因此这些作品在散发着浓郁的阿拉伯—波斯文化特色的同时，又渗透着哈萨克族粗犷的草原文化气息，在哈萨克文学中占有特殊的地位。黑萨长诗通常又分为传奇长诗和宗教长诗。传奇长诗多以描写正义与邪恶之间的斗争，最终真善美战胜邪恶为结局。代表作有《巴合提亚尔的四十枝系》《鹦鹉的故事》《木马》等。宗教长诗是描写伊斯兰教教义和信仰为主要内容，这些长诗大都取材于伊斯兰教经典、宗教故事，常常以膜拜真主、圣人、先知和亡灵开始，最后以祷文结束。如《米赫拉日传说》等就是这类题材长诗。

阿肯对唱（阿依特斯）

阿肯是泛称，广义的阿肯是指所有的诗人；狭义的阿肯，是对民间弹唱、对唱艺人的专称。阿依特斯，意为"对唱"。这是哈萨克族最古老的民间文学形式之一。民间对唱又可分为习俗对唱和阿肯对唱。

习俗对唱，是人生礼仪、重大节日中必不可少的群众性活动，具有广泛的群众基础。无论男女老少，无论是否为阿肯，都可以是习俗对唱的热心参与者和欣赏者。这种对唱重点在于娱乐性，不强调结果。

伊犁哈萨克自治州60大庆阿肯弹唱会

▲ 草原上的阿肯弹唱盛会

阿肯对唱，是在阿肯之间进行的由群众参与裁判的竞技方式对唱活动。阿肯一般都是民众认可的民间诗人，也是很有演唱造诣的优秀民间歌手。阿肯演唱的作品极为丰富，既有英雄史诗和民间叙事长诗，也有各式各样的歌谣。他们的才华表现在即兴创作上。阿肯都是即景生情、出口成章的高手。

阿肯对唱的特点是即兴创作，他们即兴自编自唱，比智、比才、比勇、比唱，语言机智幽默、内容生动有趣。对唱的内容非常广泛，可以谈天说地、谈论历史、人生意义，也可以歌唱现实生活、身边景物，还有表达爱情、互相戏谑、讽刺调侃、难为对方，有的设下谜阵、以考心智。总之，一方唱什么，另一方必须回应什么。旁听的观众情不自禁地卷入对唱，欢呼助阵。当出现精彩对唱或智巧风趣的歌词时，全场会爆发出一片叫好声，高潮迭起。有时一组对唱难解难分，你来我往相持不下，几个时辰不见胜负。甚至唱得通宵达旦，难分伯仲。牧民们常常把对唱中取胜的阿肯与骏马、英雄相提并论。但对失败者也不小觑，称赞他们是"敢于搏击风雨的雄鹰"，给予热情鼓励。

每年夏天，我国哈萨克族聚居地区都要举办阿肯对唱。哈萨克族的阿肯对唱（阿依特斯）艺术于2006年被列入第一批国家级非物质文化遗产项目名录。

书面文学

纵观哈萨克族文学史，是伴随着哈萨克族古代部落的融合一同发展的。哈萨克族的书面文学，同样也是在哈萨克族各部落以及古代突厥语部族的书面文学基础上发展起来的。

古代突厥文为我国历史上曾活动在北方草原的突厥汗国（552—744）、回鹘汗国（744—840）使用的文字，这种文字因外形与古代日耳曼民族使用的如尼（Rune）文相似，所以也称古代突厥如尼文。又因其主要碑铭在蒙古鄂尔浑（Orkhon）河流域发现，所以也称为古代鄂尔浑文。这种文字也在今哈萨克斯坦东南部的塔拉斯河（Talas）一带发现。哈萨克最早的书面文学便以古突厥文产生。后来随着一批出自哈萨克各部落的学者精通阿拉伯文、波斯文、察合台文、中文、俄文，便有用不同语言创作的文学作品。这些用非哈萨克文创作作品，长期以来被忽视或无视，今天应当引起重视。

阙特勤碑

古代文学

公元5—8世纪，居住在我国西北部、中亚和哈萨克斯坦地区的突厥语诸部族已经有了自己的文字——古代突厥文，《周书·突厥传》说"其书字类胡"。创作于公元6—8世纪的鄂尔浑—叶尼塞碑铭文献，是迄今为止所知第一批古代突厥语文献，是突厥语民族的共同文化遗产。这些碑铭中最为著名的是《暾欲谷碑》《阙特勤碑》和《毗伽可汗碑》。这三大碑铭都以不同的篇幅真实记录了部族首领在维护部落氏族联盟统一的征战中所表现出的非凡勇气，是一部赞扬功德的英雄史诗。碑铭以写实笔法，描述草原民族决定生死存亡大迁徙的来龙去脉。这些碑铭蕴含了历史文化，富于文学色彩和抒情意味，影响了后世哈萨克族民间文学的发展。

乌古斯可汗的传说在公元前就已产生并口头流传。到4世纪时，英雄史诗《乌古斯传》在突厥语族诸部落中广泛传播。根据口头流传史诗记录的文本是在13—14世纪产生。《乌古斯传》主

毗伽可汗碑

要分为两部分，第一部分描写古代突厥语族的起源和创世传说。第二部分主要叙述乌古斯的征战活动。这部作品歌颂了乌古斯可汗的英雄气概和统一功业，这也是古代突厥民族由弱到强，发展壮大的历史写照。《乌古斯传》真实地反映了古代哈萨克族人中流传的关于本民族起源的创始神话以及某些古老的风尚习俗，所反映的社会生活时间跨度大，是一部凝聚着哈萨克先民们及其他突厥语族文化与命运的史诗。

《阔尔库特阿塔书》，是在乌古斯—克普恰克（钦察）联盟统辖时期出现的一部综合性巨著，其中包括阔尔库特阿塔的格言（作为序言）和十二篇英雄叙事长诗。该系列英雄史诗最早产生于7—8世纪，以口头传唱的形式流传，到了15世纪才由后人整理成书。书中全面记载了乌古斯—克普恰克（钦察）联盟自建立、发展，直至因内部纷争导致衰亡的全过程，从中可以看到历史的折射。《阔尔库特阿塔书》忠实记录了当时人民的生活方式、风俗习惯、宗教信仰等情况，其中许多谚语、箴言迄今被哈萨克人沿用。这些长诗影响了后世哈萨克族英雄史诗的创作。

9—10世纪，出自哈萨克族康居部落的艾卜·奈斯尔·法拉比（870—950）出生于现今哈萨克斯坦奥特拉城。他是一名杰出的哲学家、文学家和音乐家，精通阿拉伯语、突厥语、波斯语等多种语言，用阿拉伯文撰写的作品涉及哲学、语言学、音乐、文学理论等多个领域，并从事文学创作，成为著名诗人和作曲家。现有《善良市民的见识》《论诗歌及其韵律》《音乐大全》等著作存世，他的杰出成就使他成为世界级的著名学者。

随着10世纪伊斯兰文化的盛行，产生了不同于古突厥时期的一种新的文化，即伊斯兰突厥文学。11世纪初由玉素甫·巴剌沙衮创作的《福乐智慧》、马赫木德·喀什噶里创作的《突厥语大词典》等成为享有世界声誉的巨著。《福乐智慧》由喀喇汗王朝时期的著名文学家玉素甫·哈斯·哈吉甫·巴剌沙衮于1069—1070年在喀什噶尔创作。这是一部劝谕性长诗，旨在教育、指引人们追求知识、增长智慧。《突厥语大词典》是马赫木德·喀什噶里在游历今新疆、中亚等地后，于1072—1077年间在巴格达创作。这是现存规模最大的一部古代突厥语词典，是突厥语族的共同文献。《突厥语大词典》内容极为广泛，是一部百科全书式的著作。它收集了200多首古老的突厥诗歌，其中有相当一大部分是采自哈萨克民族重要组成部分的古代突厥语族游牧部落。书中许多基本词汇和谚语，今日的哈萨克人仍在操用。

12世纪中叶至13世纪初的著名诗人阿合买提·玉格乃克创作的长诗《真理的入门》，以及阿合买提·亚赛维创作的《智慧书》等都对后世的哈萨克文学具有影响。

《突厥语大词典》书影

元朝时期书面文学

13世纪中叶，金帐汗国成立。金帐汗国时期古代哈萨克族诸部落文学家辈出，文学作品丰富多彩，创作了一批在哈萨克族古代文学中有重要影响的作品，是哈萨克族中古文学发展的重要阶段。这一时期的文学代表人物有赛非·萨莱、花剌子米、胡特普、杜尔别克、鲁提菲、萨依达合马提、阿里·阿塔依、热阿甫库孜依等。主要文学作品有热阿甫库孜依的《先知传》，贾马勒·卡尔施的《修辞增补》，马赫木提·本·阿里的《天堂之路》，赛非·萨莱用突厥语写的500页的长诗《古洛斯坦》，胡特普的长诗《胡斯绕和西仁》，阿赫马德·花剌子米的《爱情之歌》，阿塔依的《阿塔依汇编》，鲁提菲的《鲁提菲四行诗集》和《古丽和那吾热孜》，杜尔别克的长诗《朱斯甫与孜丽哈》等。

《先知传》，是突厥乌古斯部落的拉布古齐·纳赛尔丁·本·布尔哈尼丁·热阿甫库孜依于1310年完成，系献给当时锡尔河流域的统治者托尔达布嘎。书中主要用散文和诗歌形式讲述真主创世及亚当等72个故事，甚得伊斯兰教信众的爱戴，后来成为哈萨克经文学校的教科书。此书对哈萨克族书面文学发展影响很大，许多内容已经成为哈萨克族的民间文学。

1353年，哈萨克族弘吉剌部落的阿赫马德·花剌子米在锡尔河畔写出了著名长诗《爱情之歌》。该诗的语言生动活泼，极富形象色彩，表达了诗人对人间美好事物的憧憬和对纯真爱情的追求，是一部摆脱中世纪宗教桎梏、富于人情味的佳作。这些爱情之歌是在喀喇汗朝回鹘文学语言基础上形成的一种新型文学语言，开创后察合台文学语言之先河，对哈萨克族文学的发展，产生过重要影响。

著名的伊斯兰著作《天堂之路》，由哈萨克族小玉兹克尔得里部落人马赫木提·本·阿里于1358年写成。他在书中用文学形式写了有关伊斯兰教各种哲理故事。这是金帐汗国时期伊斯兰教内容的最好的文学作品，现留存有七个手抄本。

元朝时期，有大量哈萨克部落的人来到中原从军入仕，勤奋学习汉文，对伊、洛诸儒之书，深有研究。他们不仅精通汉语汉文，而且不少人成为直接用汉文写作的文史学家，如对编著辽、金、宋三史做出重要贡献的由出自篾儿乞惕部落的脱脱、康里部落康国王后裔铁木儿塔识、钦察部落的泰不华；在词曲诗文方面有重要成就的有出自葛逻禄部落的迺贤、康里部落的不忽木、出自瓦克（汪古、雍古）部落的马祖常、赵世延；在汉字书法艺术方面更有出自康里部落的康里巎巎、康里回回、康里不花等一批著名书法家。

哈萨克汗国时期书面文学

15—18世纪，是哈萨克汗国时期。这一时期哈萨克民族的语言、文学、文化取得长足的发展。在哈萨克汗国时期，哈萨克人创作了丰富的书面文学，留下了不少有重要价值的哲学、史学、文学方面的著作，在科学文化上做出了重要贡献。

关于历史著作，有著名的《拉失德史》《成吉思汗传》《卡德尔哈里史册》《克普恰克史》等。《拉失德史》是由15世纪出身于哈萨克族杜拉惕部落的中亚史学家和文学家米尔咱·马黑麻·海答儿·杜拉惕（也译作穆罕默德·海达尔，1499—1551）用波斯文编著。他还用波斯文著有神话诗《贾罕传》，迄今唯一抄本保存在柏林市图书馆，他还创作有一批波斯格律诗，在《拉失德史》中亦有引用。

《成吉思汗传》是16世纪的艾帖木斯哈吉创作，这部著作主要记述了统治克普恰克（钦察）草原术赤家族的历史，同时还记述了许多民间传说。

《卡德尔哈里史册》是由哈萨克族札剌亦儿部落的卡德尔哈里·札剌亦儿撰著。这部书叙述了11世纪至16世纪古代中亚和哈萨克汗国的社会历史状况，记载了有关哈萨克族各部落的很多资料，具有一定的文学价值，被后来的学者认为是"最有价值的，最初的书面丰碑"。

《克普恰克史》系霍加姆库勒别克·克普恰克汗所作，记述了

▲
《中亚蒙兀儿史——拉失德史》书影

15—18世纪哈萨克汗国的历史。

哈萨克汗国时期还涌现出了一批著名的诗人和说唱家,他们创作了极为丰富的诗歌,为哈萨克民族文学的形成和发展做出了重大的贡献。这一时期的代表人物有阿山海戈·萨比特、哈孜吐干、杜斯曼别提、夏力克孜、哈孜别克、杰姆别提、玛尔卡斯卡、阿克坦别尔迪、乌木别太、布哈尔等。

近现代书面文学

18世纪至19世纪,哈萨克族诗歌创作得到持续发展,民间诗人创作题材不断扩大,抒情诗歌不断涌现,诗歌作品的社会地位不断提高。19世纪后半期到20世纪初,西方的民主思想在哈萨克人中广泛流传开来,使得哈萨克人的文学和教育都得到了发展。哈萨克族文学界的著名人物乔坎·瓦里汗诺夫,俄布莱·阿勒腾沙林,著名诗人阿拜·库南拜等人凭借自己的知识、作品,以及教育事业为哈萨克人建立了不朽功勋。阿拜·库南拜成为哈萨克近代文学的奠基人,对中国的哈萨克族作家文学影响很大。

《阿拜箴言录》书影

1840年发生的鸦片战争、1917年发生的十月革命、1919年发生的五四运动、1921年中国共产党的诞生和党从1930年开始在新疆开展的各种进步政治活动等都促进了中国哈萨克族人民的觉醒,促使中国哈萨克族在政治、经济、文化、教育等方面进入一个崭新的阶段,使我国哈萨克近现代文学走向了发展的道路。哈萨克族的诗歌创作得到了很大的发展和提高,哈萨克族文学中也出现了最初的小说和戏剧创作。1909年,阿合提·哈里木沙克在俄国喀山出版了《阿合提诗集》,是我国哈萨克现代书面文学的标志之一。他和艾赛特·那曼拜(1864—1923)、居素普别克·沙依克斯拉木(1857—1937)是我国哈萨克族书面文学的奠基人,开辟了我国哈萨克族书面文学的新时代。这一时期我国哈萨克族文学代表性作家和诗人有克孜尔·马木尔别克(1893—1932)、唐加勒克·卓勒德(1903—1947)、阿合特·乌力木吉(1867—1940)、努尔塔扎·夏勒根拜(1889—1940)、库代克·玛拉尔拜(1888—1939),他们为我国哈萨克族文学的进一步发展奠定了良好的基础。

《阿合提作品选》(第一卷)书影

第六章
名胜风光

"不到新疆不知中国之大,不到伊犁不知新疆之美。"伊犁哈萨克自治州地处祖国西部边陲,与吉尔吉斯斯坦、哈萨克斯坦、俄罗斯、蒙古接壤,边境线长2 000多公里。

伊犁是边塞旅游胜地,悠久的历史文化,雄伟的天山、阿尔泰山,辽阔的草原,茂密的森林,幽深的溪谷,碧蓝的湖泊……每年都吸引着无数中外游客。

"不到新疆不知中国之大,不到伊犁不知新疆之美。"伊犁哈萨克自治州地处祖国西部边陲,与吉尔吉斯斯坦、哈萨克斯坦、俄罗斯、蒙古接壤,边境线长2 000多公里。

伊犁是边塞旅游胜地,悠久的历史文化,雄伟的天山、阿尔泰山,辽阔的草原,茂密的森林,幽深的溪谷,碧蓝的湖泊……每年都吸引着无数中外游客。

伊犁河

伊犁河源于天山山脉深处冰川,上游为特克斯河、巩乃斯河、喀什河三条支流,在雅玛图汇流成伊犁河,在中国境内全长400余公里。流经昭苏、特克斯、巩留、新源、尼勒克、伊宁县、伊宁市、察布查尔、柯克达拉市、霍城县、霍尔果斯市境,至国界霍尔果斯河汇入后,注入哈萨克斯坦境内的巴尔喀什湖。伊犁河哺育着伊犁河两岸的灌溉农业,水量充沛,具有独特的鱼类资源。

伊犁河
▼

巩乃斯河畔

伊犁河畔有着著名的巩乃斯草原、唐布拉草原、那拉提草原、库尔德宁草原、喀拉峻草原、昭苏草原、夏塔峡谷、阿合牙孜河谷、科柯苏河谷、图拉苏冰川、木扎尔特达坂等；青铜时代的乌孙土墩墓葬群、西辽西域名城阿麻里力遗址、唐代弓月城遗址，有乾隆皇帝御书格登山记功碑、伊犁将军府、惠远钟鼓楼等众多人文景观。

果子沟

果子沟是伊犁河谷的门户，也是通往中亚、欧洲的必经之地，古丝绸之路通途。这里峰回路转，风光旖旎，有"伊犁第一景"之称。果子沟全长28公里，山势险峻，云杉密布，连（连云港）霍（霍尔果斯）高速公路经过这里，在景色优美的山脊与山谷中蜿蜒盘旋，雪山、森林、河流尽收眼底。一顶顶洁白的哈萨克牧人的毡房，珍珠般散落的群群牛羊点缀着美丽山川。果子沟因这条沟里在阔叶林地带遍布野苹果、野山杏、野醋栗得名。药材资源也很丰富，自春至秋山花烂漫，果香沁心，是一条名副其实的"果子沟"。

果子沟新的一处胜景是果子沟大桥。果子沟大桥是新疆第一座斜拉桥，也是国内第一座公路双塔双索面钢桁梁斜拉桥。大桥

▲
一桥飞架——
果子沟大桥

桥梁全长700米，桥面距谷底净高200米，主塔高度分别为209米和215.5米，大桥主桥全部采用钢桁梁结构，使用国内特殊专用桥梁钢材1.7万吨，并采用高强螺栓连接，安装精度控制在2毫米以内。果子沟大桥像一道不落的彩虹，亮丽地悬挂于两山之间，给这经历过风霜雨雪的古老山谷，平添了新的气象，是过往游客驻足流连之地。

赛里木湖

赛里木湖位于西天山山脉，伊犁哈萨克自治州霍城县和博尔塔拉蒙古自治州交界处，是新疆最高的高山咸水湖泊。赛里木湖宛若一颗镶嵌于雪山脚下的蓝宝石，在阳光照耀下，随着光线变化，幻化出千姿万态的色彩。游人在湖边感觉心旷神怡，内心郁积的一切释然消去。湖区原无

赛里木湖 ▶

天然鱼类，1998年引进高白鲑、金鳟等冷水鱼种，现已成为一道佳肴。1999年赛里木湖区被新疆维吾尔自治区人民政府公布为省级旅游名胜景区。2004年2月，赛里木湖风景名胜区经国务院批准列入第五批国家级风景名胜区名单。

薰衣草之乡——霍城

霍城县自1964年从法国普罗旺斯引种薰衣草的3个品种，地处伊犁河谷的霍城县有独特的逆温带自然气候和水肥条件，成为薰衣草大面积种植生长的理想之地。从此薰衣草在新疆扎根落地，成为了伊犁地区一道独特的风景线。如今霍城县薰衣草种植面积已达4万多亩，产量占全国95%以上，同法国普罗旺斯、日本北海道并列为世界薰衣草三大产区，享有"东方普罗旺斯""薰衣草之乡"之美誉，并形成了薰衣草产业链条。

每年的6月中旬，是薰衣草盛开的花季。一望无际的紫色花海，令人赏心悦目。霍城县现在每年都举办"中国·霍城薰衣草节"，吸引四方来客，与此同时，还举办芦草沟赛马会。薰衣草已经成为霍城县的象征。

西辽西域名城阿力麻里遗址、伊犁将军府、惠远钟鼓楼和清代伊犁九城中的六城，即惠远、绥定、塔勒奇、广仁、瞻德、拱宸均在霍城县境。

◀ 霍城薰衣草

库尔德宁

库尔德宁位于巩留县境内西天山国家级雪岭云杉自然保护区。巩留哈萨克语称之为"Tuoghez Trao",意为九条川流汇流之地。属乌孙古国领地,具有悠久的历史和灿烂的文化,历史上曾是伊犁河谷东五县政治、经济、军事、文化中心。巩留县风景秀丽,山川雄伟,境内还有驰名中外的恰西、野生核桃沟等独特的自然景观,以及古墓群、岩画、圣泉等历史人文景观交相辉映。库尔德宁有广阔无垠的高山草原,松涛阵阵浩瀚无际的原始云杉林,有高耸入云的喀巴班依雪峰,空气清爽,景色宜人。2013年6月,库尔德宁被确定为世界自然遗产地。

◀ 天山深处

▼ 天山雄姿

那拉提风光

那拉提大草原

　　那拉提大草原，位于伊犁河谷最东端新源县东部的那拉提山北坡。那拉提大草原又名巩乃斯（Kunes）大草原，哈萨克语古意为"阳坡"，是哈萨克牧民最重要的夏牧场之一。每年6月哈萨克牧民都陆续转场而来，在鸟语花香中，阵阵牧歌声悠扬。盛装的哈萨克少女，剽悍的哈萨克骑手在草原上驰骋。草原舒展起伏，毡房点点，羊群似云，静穆的雪山就在眼前，壮美的大草原充满生机。那拉提大草原享有"哈萨克族的摇篮"之美誉。

　　新源县素有"草原明珠，新疆酒乡"之盛名。新源县的野生资源十分丰富，全县拥有4万亩野果林和6万亩野杏林，被誉为"世界苹果源种地"和"中国野果基因库"。每年春季，果花杏花开放，漫山遍野成为汪洋花海，成为独特风景，是摄影艺术家们追踪之地。

"八卦城"——特克斯

特克斯，哈萨克语古称"Tekes"音译，意为"背阴坡"。是乌孙古国夏都。这里交织着乌孙文化和易经文化。特克斯县城是世界上唯一规模最大，保存最完整的"八卦城"。20世纪30年代县城落成时，是根据《周易》八卦"后天图"方位设计建成，城中心向外辐射"乾""兑""离""震""巽""坎""艮""坤"8条大街，每条街长1.6公里，每隔360米设一条环道连通，由从内向外4条环路连通，县城1环路为8条街，二环路为16条街，三环路为32条街，四环路为64条街，与周易的六十四卦完全吻合。2001年荣获上海吉尼斯之最，2004年被新疆维吾尔自治区评为自治区"历史文化名城"，2007年5月被国务院批准为国家历史文化名城。

特克斯县有著名的喀拉峻草原，2013年6月被联合国教科文组织和世界遗产委员会纳入世界遗产保护名录。还有特克斯溶洞石林、天山石林、阔克苏温泉、乌孙古墓群等自然和人文景观。特克斯境内乌孙古墓有两万多座，这是中国保存完整、数量最大的乌孙古墓群。

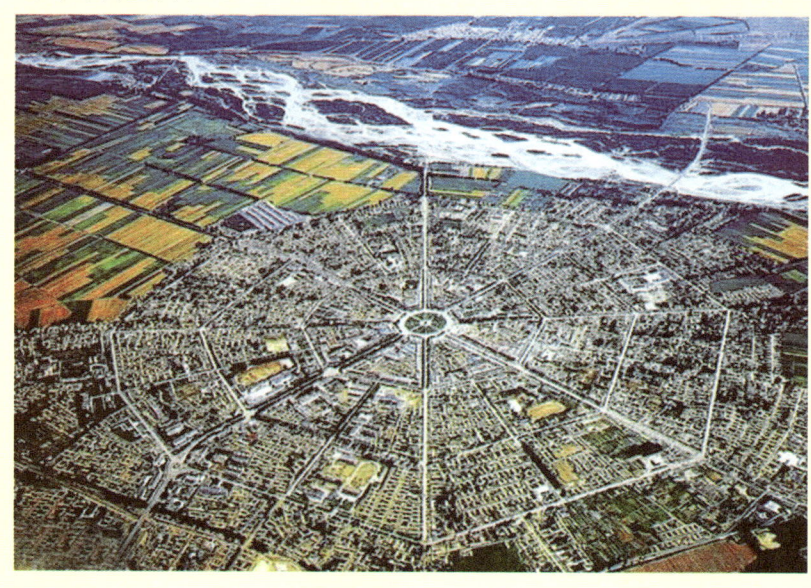

"八卦城"——特克斯

汗腾格里峰下

夏塔古道

　　哈萨克语称"Xiate",意为"峡谷",由是也叫夏塔峡谷,是古代丝绸之路上最为险峻的一条著名季节性古隘道。夏塔古道在昭苏县境内,全长120公里,是伊犁通南疆六城的捷径,只能夏日通行。在这里可以远眺木扎尔特冰川,近看汗腾格里雪峰,海拔6 995米,是天山山脉第二大高峰。如今夏塔古道已经成为最具挑战性、最热门的徒步探险线路之一,吸引了无数的探险爱好者。夏塔河也是伊犁河支流特克斯河的一条重要分支。昭苏草原是我国最著名的四大草原之一,昭苏也是新疆种植油菜大县。盛夏7月,绿水青山与天山和乌孙山雪峰辉映下,百万亩油菜花盛开,一望无际的金黄色与远处山峦起伏的绿色草原构成美轮美奂的画面。草原石人、乌孙土墩墓和岩画是昭苏草原的三大奇观,还有圣佑庙、格登山记功碑等人文胜迹。

唐布拉百里风景区

　　唐布拉百里风景区位于尼勒克县境内,伊犁河支流喀什河源头。景区河流与云杉林交织在一起,举目眺望,雪山近在眼前,蓝天白云交相辉映,空气清新纯净,是人间胜景,天然氧吧。

喀纳斯湖

喀纳斯湖位于布尔津县境内,在博勒巴岱山以北、友谊峰以南,布尔津河源头,海拔1 370米,是著名的高山淡水湖泊,负有盛名的旅游胜地。美丽的喀纳斯湖不仅鱼类丰富,而且周围地区动植物种类繁多,其中包括各种珍贵草药。喀纳斯湖东面是著名禾木河谷,西面是白哈巴河,皆为著名风景旅游区。

人间净土
喀纳斯

阿尔泰山

阿尔泰山,哈萨克语称"Altay Tao",意为"金山",因自古盛产黄金而得名。它绵延于中哈、中俄、中蒙边境,全长1 000多公里,呈东南—西北走向,哈萨克人称东部阿尔泰山为上阿尔泰,西部阿尔泰山为下阿尔泰。源自于此的额尔齐斯河自东向西流去。阿尔泰山是亚洲的宏伟山系之一。阿尔泰山的每一条峡谷都有风景不同的景区，夏季可以观景消夏，冬季可以滑雪。阿尔泰山孕育了额尔齐斯、乌伦古两条河流，也是古人类活动频繁之地，分布着诸多岩画、草原石人、古墓、古道，人文景观十分独特。

库鲁斯台草原

库鲁斯台草原，位于塔城市境内，总面积387万亩，是中国第二大平原草原。这里有一望无际的天然草场，有万亩野柳林，有潺潺流淌的小溪，有水天一色的海子，有国家级保护动物大鸨。在库鲁斯台大草原，汇集了10余条支流的额敏河自东向西南流过，滋润着这片大草原。南湖草场上芦苇丛生，繁茂的水生植物和牧草引来成群飞禽走兽。每年4—6月汛期，南湖草场更是水草丰饶，一派水美、草绿的醉人风光。自阿拉湖逆水而上，来南湖产卵的鲤鱼、黄鱼、东方真鳊、鲫鱼等，激流勇进，形成蔚为壮观的鱼汛。草长莺飞，野花烂漫，空气清新，沁人心脾，是塔城地区美轮美奂的旅游胜地。

巴尔鲁克山

巴尔鲁克山，位于裕民县中南部，巴尔鲁克山哈萨克语称"Barlekh Tao"，意为"富饶、富足、无所不有"。被誉为"鲜花的世界，野生植物的万花园，野生动物的天然博物馆"。横贯东西的巴尔鲁克山脉，是裕民县的标志性山脉。主峰塔普汗峰，海拔3252米。巴尔鲁克山降水丰富，灌木、草原型植被生长茂盛，是优良的夏牧场。前山地带坡度平缓，宽谷和丘陵绵延起伏，土质肥沃，草木繁茂，属山地草原，是优美的天然牧场。裕民县境大小16条河流，均发源于巴尔鲁克山区。塔斯特河和布尔干河，分别从两个方向西流汇入哈萨克斯坦境内的阿拉湖。著名的巴什拜羊是这里的特产。这里还有野生巴旦杏林保护区，每年5月初期，正是野巴旦杏花开放的时候，漫山遍野尽是粉色花海。

第七章
著名历史人物

在哈萨克族漫长的历史中,不仅形成了丰富多彩的文化,在各个领域涌现出不少著名人物。在这些杰出的历史人物中,有的是文人阿肯,创作出优美的诗篇流芳百世,丰富了哈萨克人的精神文化生活;有的是英雄可汗,为争取民族的自由和独立,为维护祖国的统一贡献出自己的力量;有的是医术精湛的名医,为后人留下哈萨克医学巨著。他们的事迹已经融入哈萨克人的血脉,迄今被后人传颂。

在哈萨克族漫长的历史中，不仅形成了丰富多彩的文化，在各个领域涌现出不少著名人物。在这些杰出的历史人物中，有的是文人阿肯，创作出优美的诗篇流芳百世，丰富了哈萨克人的精神文化生活；有的是英雄可汗，为争取民族的自由和独立，为维护祖国的统一贡献出自己的力量；有的是医术精湛的名医，为后人留下哈萨克医学巨著。他们的事迹已经融入哈萨克人的血脉，迄今被后人传颂。

古代名人

阔尔库特阿塔

阔尔库特阿塔生活于7—8世纪的锡尔河流域，是乌古斯—钦察部族人，著名的政治家、思想家、哲学家、音乐家，著名的萨满大巫师。相传是他发明了哈萨克族古老乐器"库布孜"，并谱写了大量库布孜乐曲，至今被后人所传吟。阔尔库特曾担任过三位可汗的宰相，制定了抵御外敌侵扰、合理利用土地和水源、解决民间纠纷的刑法，以及整编军队、规范民众集会、婚丧礼仪等方面的法律。他因具有创新精神和管理能力，以及富含哲理的论述而深得民心，成为当时闻名遐迩、德高望重的人物。后人为纪念他，将他的言论整理成册为《阔尔库特阿塔书》。这部著作包括格言部分和十二篇叙事长诗，全面记述了乌古斯—钦察联盟自建立、发展至衰亡的过程，反映各民族在抵御外敌斗争中所表现出来的团结意识，也记述了乌古斯—钦察人民的风土人情，宗教信仰，是研究古代哈萨克民族文化、历史、哲学、习俗、宗教、语言和伦理等学科的宝贵资料。

艾卜·奈斯尔·法拉比

法拉比（870—950），全名为艾卜·奈斯尔·穆罕默德·伊本·达干·乌祖鲁克·法拉比，出生于现在的哈萨克斯坦奥特拉尔城，生活在葛逻禄汗国时期（760—940），是著名的思想家、哲学家、文学家、数学家、物理学家和音乐家，是9—10世纪中亚地区以及突厥语民族文化史上的思想巨人，百科全书式的学者。他被公认为在中世纪穆斯林东方世界中是继亚里士多德之后的第二位导师，被誉为"东方的亚里士多德"。在幼年时期，法拉比就开始接受启蒙教育，学习突厥语言，并系统地研习语法、音乐、数学、物理、天文等学科。为了追求梦想，后来他来到当时阿拉伯世界的科学和文化中心——巴格达城求学。在那里，法拉比刻苦学习阿拉伯语、波斯语、希腊语和拉丁语，研习中世纪哲学、数学、天文学、文学、音乐等学科，成为一个知识渊博、眼界开阔、治学严谨的伟大学者。他一生的足迹遍布今伊朗、巴格达、耶路撒冷、埃及、叙利亚等地。公元945年，他到达叙利亚，受到国王重用。当时的学者们评价他是"精通哲学、逻辑学、音乐学、教育学的著名学者，具有博学才识的法拉比"。公元950年，法拉比逝世，叙利亚国王亲自为他主持国葬，将他安葬于大马士革城的马维亚公墓。法拉比用其毕生的精力著书立说，汇集东西方文化的精粹，取得了非凡的成果。据统计，他一生共撰写了300多部作品，其中主要作品有《社会现象学》《科学系统论》《亚里士多德著作说明》《知识大全》《音乐全书》《优秀市民的观点》和《论诗歌艺术规律》等。

阿合买提·亚赛维

12世纪哈萨克族伟大的伊斯兰教思想家、改革家和诗人。在哈萨克思想、文化、历史上占有重要地位。他出生在现今哈萨克斯坦齐姆肯特州赛兰城附近。他出身名门望族，父亲伊布拉希姆（Yiburahim）是很有语言造诣的权贵，母亲喀拉霞西（Kharaxax）是个孤女，幼年受尽生活之苦。阿合买提·亚赛维寄宿在亚赛城亲戚家里接受教育。此城后来以他命名为亚赛维城。阿合买提·亚赛维17岁开始创作诗歌，并跻身于东方诗人之列。他后来师从当时的亚赛城著名学者阿尔斯兰和布哈拉城著名学者玉斯甫·哈米达尼，并继承他们的事业。后来，他到现今哈萨克斯坦土尔克斯坦城传播苏菲主义思想，直至去逝。在那里他开创了亚塞维教团。他晚年创作的神学哲学诗集《智慧书》，是用四行诗句写成，讲述了他自己至63岁的一生经历，其中有他遭受的苦难、内心的忧愤，对布哈拉的统治者可汗、别克、法官进行抨击。揭露虚伪，声张正义，确信真理。歌颂伊斯兰教义，宣传当时盛行于中亚的苏菲主义神学理念，宣扬摒弃世俗的快乐，以求得来世的永恒幸福，提倡做人应忠诚厚道。

《智慧书》也是亚赛维神学文学流派的代表作。他本人也因此成为伊斯兰神学文学的奠基人。阿合买提·亚赛维把原苏菲主义教义根据哈萨克族社会历史状况进行改造，以适应当时的哈萨克社会历史的需要，在宗教形式上简化了伊斯兰教的仪式，为普通社会下层百姓所接受。他的伊斯兰教苏菲主义思想还吸收了哈萨克民族原有宗教中有影响的神（祇）的名字和仪式。哈萨克民族把他的《智慧书》与伊斯兰教的《古兰经》同等重视，把亚赛维与先知穆罕默德看作圣人来敬仰。12世纪喀喇汗朝时期为其在土尔克斯坦城刻立过碑，14世纪末15世纪初跛子帖木尔可汗颁旨在土尔克斯坦城阿合买提·亚赛维碑旁建立陵墓。《智慧书》用中古突厥文写成，1878年在伊斯坦布尔、塔什干、喀山第一次印刷，1901年特尼什德克乌勒在喀山出版哈萨克文版。

迺贤

迺贤（1309—1368），又称乃贤、纳新，字易之，别号河朔外史，出自现今哈萨克族葛逻禄部著名诗人。其先祖世居金山（今阿尔泰山）之西，元世祖忽必烈至元年间，内移河南南阳，故迺贤自称为南阳人士。迺贤是一位通过努力学习，充分掌握汉民族文化的少数民族诗人。他一生除一度出任主持东湖书院、翰林院编修、出参桑格失里军师等职外，大部分时间都在家乡闲居或在四方云游中度过。迺贤在云游中，创作了大量诗歌，传世诗作180余篇，吟颂道家者约占十分之一，这在元代文人中是仅见的。当时浙人韩玉能书，王子充善古文，迺贤长诗词，并列称"江南三绝"。他博学能文，气格轩蓊，五言短篇，流丽而妥适，七言长句，宽畅而条达，近体五七言，精缜而华润；又善以长篇述时事，故亦有"诗史"之称。著述有《金台集》《金台后集》《前冈集》《河朔访古记》。后人又编有《乃前冈诗集》三卷（明万历潘是仁刊宋元四十三家集本）。

脱脱

脱脱（1314—1355），字大用，为现今哈萨克族克列部落篾尔乞惕部人。其高祖父探马哈儿，给事宿卫。曾祖父称海，在元宪宗蒙哥麾下伐宋，战殁于王事。祖父谨只儿，总宿卫隆福太后宫。父亲马札儿台，拜太师、中书右丞相。伯父伯颜为中书右丞相，后期势焰熏灼，天下之人唯知有伯颜而已。脱脱深感忧虑，向元顺帝密报获旨。在一次伯颜出京都赴柳林猎归时，命人奉诏往柳林，派伯颜出京都为河南行省左丞相。脱脱站在城门上宣言，有旨黜丞相一人，诸从官无罪，可各还本卫。

脱脱自幼聪颖，拜浦江人吴直方为师。他老师夸赞："使脱脱终日危坐读书，不若日记古人嘉言善行服之终身耳。"稍长，膂力过人，能挽弓一石。年十五，为皇太子怯怜口怯薛官。1328年，袭授成制提举司达鲁花赤。

1341年，脱脱出任中书右丞相，便悉数变更伯颜旧政，恢复科举，复行太庙四时祭，昭雪伯颜时期冤案，开马禁，减盐额，蠲负逋，又开经筵，遴选儒臣以劝讲，而脱脱实领经筵事。中外翕然称为贤相。1342年，于都城外开河置闸，放金口水，欲引通州船至丽正门，役使丁夫数万，讫无成功，又修黄河决堤，治理黄河。

1343年，诏修辽、金、宋三史，命脱脱为都总裁官。又请修《至正条格》颁天下。由是留下二十四史中的煌煌三个朝代的正史。脱脱上奏元顺帝："陛下临御以来，天下无事，宜留心圣学。颇闻左右多沮挠者，设使经史不足观，世祖岂以是教裕皇哉？"由此秘书监取裕宗所授书以进，顺帝大悦。

1354年，张士诚据高邮，脱脱受命帅军至高邮，连战连捷。西域、西番皆发兵来助。史称旌旗累千里，金鼓震野，出师之盛，未有过之者。但是，因哈麻等奸臣谗言，脱脱被临阵夺了兵权，元军阵脚大乱。元朝灭亡颓势，由此成为转折。脱脱贬职去云南大理，客死南国。

康里巎巎

康里巎巎（1295—1345），字子山，号正斋、恕叟，又号蓬累叟。元朝著名书法家、诗人、名臣康里巎巎，出自现今哈萨克族康里部落。他与当时所有跟随成吉思汗铁骑进入中原的西域色目人一样，追求时尚，以典型的汉文化方式取字子山。因此，人们常常称他为康里巎巎或康里子山。

康里巎巎的曾祖父海蓝伯,早先归于克烈王可汗麾下谋事。王可汗被成吉思汗所灭,即弃家随数千骑望西北驰去,那边是依然十分强盛的乃曼国、西辽和康里、钦察国。元太祖成吉思汗遣使招他回来,他对来使说:"昔与帝(指成吉思汗)同事王可汗,今王可汗既亡,不忍改所事。"于是,挥鞭而去,自此不知下落。

海蓝伯有十个儿子,全被成吉思汗俘获。在他们当中燕真最年幼,这位康里巎巎的祖父燕真,当时只有六岁,成吉思汗便将他赐予庄圣皇后(弘吉剌部)。皇后十分爱怜他,养育他,稍长派他服侍忽必烈。后跟随元世祖忽必烈征战有功。

康里巎巎的父亲名叫不忽木,一名时用,字用臣,世为康里部大人,官至平章政事,是元世祖忽必烈、元成宗铁穆不忽木是元初最早习用汉语汉字的康里人,对汉文化领悟精深。

康里巎巎自幼受父亲熏陶,学习国学,博览群书,其正心修身之要,得到祖师许衡及父兄家传。康里巎巎成为朝中重臣,常常直言进谏,为元朝中期艺文、科举、教育、编修前朝历史,起到关键作用。

康里巎巎善真行草书,识者谓得晋人笔意,单牍片纸,人争宝之,不啻金玉。明代解缙评价康里巎巎字说:"子山书如雄剑倚天,长虹驾海。"康里巎巎特立于书坛,留下的墨迹不多,有行草书《唐元稹行宫诗》《渔夫辞册》《草书述笔法》。所写李白《古风第十九首》诗,墨迹《颜鲁公述张旭笔法记卷》《谪龙说卷》《柳宗元梓人传》《临十七帖》等传世。

马祖常

马祖常(1279—1338),字伯庸,是现今哈萨克瓦克(汪古、雍古)部落人。先世为西域瓦克部落贵族,基督教聂思脱里派(景教)信徒。马祖常高祖锡里吉思是金代凤翔兵马判官,为国捐躯,死后封恒州刺史,子孙按照以官为姓的惯例改姓马。曾祖马月合乃,曾随从元世祖忽必烈攻宋,留居开封,官至礼部尚书。父马润,同知漳州总管府事,移居光州,任光州监军。马祖常生于光州(今河南潢川)。延祐二年(1315),会试第一,廷试第二,授应奉翰林文字,拜监察御史。仁宗时(1312—1320),铁木迭儿为丞相,专权用事,马祖常率同列劾奏其十罪,因而累遭贬黜。自元英宗硕德八剌朝至顺帝朝，历任翰林直学士、礼部尚书、参议中书省事、江南行台中丞、御史中丞、枢密副使等职。

马祖常善写文章，"专以秦汉为法，而自成一家之言"。其诗"圆密清丽，大篇短章无不可传者"，才力富健，有《缫丝行》《踏水车行》《河湟书事二首》《上京输苑书怀》《室妇叹》《石田山居八首》《石田先生文集》。尤其擅写七言古风、五言律诗。马祖常虽然居宰辅之位，仍关心百姓生活，与视民为草芥的廷臣相比，在当时是难能可贵的，在他的作品中表达出体恤民间疾苦的情感。元文宗驻跸龙虎台，他应制赋诗，元文宗对马祖常特别赞赏，称"中原硕儒唯祖常之"。诗文代表作《石田集》15卷被收入《四库全书》，修撰《英宗实录》，译润《皇图大训》《承华事略》，编集《列后金鉴》《千秋纪略》。

赵世延

赵世延（1260—1336），字子敬，其先祖为瓦克（汪古、雍古）部落人，居云中北边塞上。曾祖父名公，是金朝群牧使，在铁木真夺走他所牧放的马群时战死。祖父按竺迩，自幼成为孤儿，寄养于外祖父术要甲家，讹为赵家，由此传为赵姓。十四岁时，隶属皇子察合台部。随从察合台狩猎，射获数只麋鹿，突然出现两只老虎，都被他射死。由是以善射称名，深受察合台器爱。1224年跟随成吉思汗西征寻思干、阿里麻里等国，以功为千户。太宗即位，尊察合台为皇兄，以按竺迩为元帅，镇守蜀地，因家成都。父亲赵黑梓又名赵国宝，以家门之功袭父元帅职，兼文州吐蕃万户达鲁花赤。

赵世延受封奎章阁大学士、翰林学士承旨、中书平章政事、鲁国公。赵世延自幼天资秀发，喜读书，潜心探究儒家体用之学。弱冠之年，被元世祖忽必烈召见，入枢密院御史台肄习官政。至顺元年（1330）二月，文宗令赵世延与国史院编修官虞集等人仿唐宋会要体例纂修《皇朝经世大典》。《经世大典》于是年四月正式开局，次年五月修成，凡880卷，略12卷，公牍1卷，纂修通议1卷。原书今已失传，只是在《永乐大典》等书中还有部分选章留存。《元史·赵世延传》评价他历事九朝皇帝，扬历省台五十余年，负经济之资，而将之以忠义，守之以清介，饰之以文学，凡军国利病，生民休戚，知无不言，而于儒者名教尤拳拳焉。为文章波澜浩瀚，一根于理。尝较定律令，汇次《风宪宏纲》，行于世。显然，赵世延在任期间以善政闻名。

乌太波依达克·特列吾哈布勒

乌太波依达克·特列吾哈布勒（约1388—1483），哈萨克族著名的医学家，被奉为医圣。乌太波依达克出生于医生世家，从小随父学医，巡游四方。他终生未婚，将全部精力投入于医学研究。为了研究各种药物，他亲自做药物试验，多次中毒，还通过无数次的动物试验和尸体解剖，阐明了人体的生理、病理、解剖学名称，心脑的生理功能和相互关系。他还发现了预防天花的疫苗——牛痘接种预防天花的方法，这比1796年英国初次发现牛痘疫苗早350年。

1466年，由于医术精湛，78岁高龄的乌太波依达克受到贾尼别克汗的赏识和器重，敕命他编写哈萨克医药志。乌太波依达克历尽艰辛用7年时间完成了哈萨克医药史上的医学巨著《医药志》。这部书详尽阐述了哈萨克医学的理论观点、生理病理、诊疗技术等各方面内容，记载了药用植物728种、动物318种、矿物60种、珍贵药材8种、处方4 577个。同时，还提出了"六元学说"理论，奠定了哈萨克医学不同于其他民族的基础理论体系。《医药志》不仅是一部伟大的医学著作，还是一部包含着丰富的哈萨克民族的语言文化、历史哲学、天文地理、心理学、美学等各学科知识的鸿篇巨著。

阿桑海戈·萨比特

阿桑海戈·萨比特，15世纪哈萨克诗人、哲学家。他最初住在金帐汗国都城萨莱，后来移居喀山，成为穆罕迈提汗帐廷中最具影响力的人物之一。1445年，穆罕迈提汗（也称乌勒满别克汗）崩，金帐汗国遂亡，阿桑海戈·萨比特便返回哈萨克草原，成为建立哈萨克汗国的贾尼别克汗（1456—1473）的谋臣和宫廷诗人。

由于阿桑海戈·萨比特为人民的困苦而忧虑，总是紧锁眉头，人民就给他起了一个雅号——海戈，意即忧虑。阿桑海戈·

萨比特对当时的社会动荡不满，对人民群众的疾苦深切同情。他当时直言贾尼别克汗悯顾人民死活，试图寻找拯救人民的出路。他认为，让人民永久享受幸福的唯一出路是抵达"乐土"。

阿桑海戈·萨比特理想中的乐土是水草丰美、林木结满果实、没有天灾人祸之境。抵达乐土，"百灵鸟在绵羊背上筑巢"，天下太平。在乐土世界没有贫富不均，人人平等地过着幸福生活。

阿桑海戈·萨比特寻找乐土的传说，迄今代代相传。

卡德尔哈里·札剌亦儿

卡德尔哈里·札剌亦儿，16世纪哈萨克著名思想家、历史学家、谋士和毕官。卡德尔哈里出自哈萨克大玉兹的中坚部落札剌亦儿部，他精通突厥语、阿拉伯语、波斯语和俄罗斯语，曾在俄罗斯沙皇鲍里斯·戈东诺夫（Boris Godunov）手下任职。1602年，卡德尔哈里用哈萨克语完成了历史著作《卡德尔哈里史册》。在书中作者对成吉思汗家族做了详尽研究，并详细记载了哈萨克汗王和各苏丹、伯克们的谱系，记录了11—16世纪哈萨克汗国的政治、经济、社会、重大事件、内外事务、部落联盟状况。卡德尔哈里还对哈萨克各部落氏族的形成沿革、历史背景做了详细描述，介绍了哈萨克的城市和草原。《卡德尔哈里史册》成为研究哈萨克族历史的宝藏。

乔坎·瓦里汗诺夫

乔坎·瓦里汗诺夫（1835—1865），著名的历史学家、民族志学者、地理学家、旅行家，同时任沙俄军官、政府官员。其曾祖父是哈萨克历史上著名的阿布赉汗。作为一名哈萨克人，乔坎对自己祖先历史文化抱有极大的兴趣，于是他搜集了很多哈萨克历史人文地理材料，把流散于民间的破碎记录收集整理。他出版了关于中亚历史和东方的作品，其中有"哈萨克""哈萨克人中的萨满教痕迹""关于哈萨克游牧民的营地"等，还有其他数量异常丰富的关于哈萨克族历史、民族志的材料，以及哈萨克人生活、传统与文化的资料。在1856年参加对七河的考察中，乔坎成为记录部分柯尔克孜族史诗《玛纳斯》的第一人，迈出了玛纳斯研究学的第一步。乔坎也因此而名扬四方。1858年下半年至1859年初，乔坎到喀什游历并创作了《准噶尔概况》。他在其论著中将哈萨克族的民间传说、故事和史诗同历史上的重大事件结合起来进行了初步探讨，取得了值得称赞的成绩。1861年，年仅26岁的乔坎突然身患重病，不得不辞官回乡疗养。1865年，29岁的乔坎因病去世。人们形容他的逝去"如流星般闪过"。由于他在历史人文学上的重要贡献，哈萨克人把他视为杰出的学者。

猎骄昆弥

猎骄昆弥，哈萨克民族族源之一的乌孙部族的首领，杰出的政治家、军事家和外交家。公元前2世纪左右，昆弥之父乌孙首领难兜靡，被大月氏所杀。昆弥被匈奴单于收养。成年之后他为匈奴人征战，屡建功勋。后来，昆弥决意脱离匈奴钳制，于公元前161年率领乌孙部族进入伊犁河流域，重建乌孙国，王都赤谷城。经过一段时间的发展，乌孙国力大大增强，最盛时拥有12万户，人口63万，胜兵18.88万人，成为西域强国。公元前105年，乌孙与西汉王朝联姻，汉朝公主细君远嫁乌孙王猎骄昆弥，成为了有史记载的"西域和亲第一人"。乌孙与西汉王朝联姻及乌孙势力的发展对匈奴形成了巨大的威胁，达到了"断匈奴右臂"，共同夹击匈奴的目的，猎骄昆弥和乌孙部族做出了巨大的贡献。

木华黎

木华黎（1270—1223），汉籍文献又作木花里、谋合理、木合黎、木华里、摩喉罗国王、暮花里国王、木哈黎、穆呼哩、穆呼里。出生于现今属哈萨克大玉兹亦即大帐的札剌亦儿部落札惕（也作察哈）氏，世居阿难水（今鄂嫩河）东。祖父帖列格秃·伯颜，有三个儿子——孔温窟哇、赤剌温·孩亦赤、者卜客。由他们三兄弟繁衍的众多子嗣，在蒙元时期发挥过重要作用。

木华黎的父亲孔温窟哇，生有五子：忽鲁虎儿、期里窟尔、木华黎、不合（又作抹哥）、带孙。木华黎排行第三。

1183年，14岁的木华黎来到成吉思汗身边。自此跟随他驰骋疆场，擐甲执锐40年，成为他得力主将，深得成吉思汗信赖。木华黎的父亲孔温窟哇,就是在一次实力悬殊的战斗中,为保卫成吉思汗挺身而出,把自己的坐骑让给成吉思汗,面对来骑步战而死。木华黎也是多次保护了成吉思汗。1206年成吉思汗在斡难河源头竖起九游大纛封95个千户时,木华黎被首封左翼万户。

成吉思汗的整个军队12.9万人,其中左翼军队6.2万人,由木华黎统帅,管辖东边直到哈剌温山(今大兴安岭)方面的诸千户,成为成吉思汗军队的主力。成吉思汗允许木华黎亲率三千户的札剌亦儿部众,并授权他除了成吉思汗亲自裁定的人,可以自由任命将校。

1211年4月,木华黎帅军以迅捷的行动,突袭乌沙堡,金将独吉思忠猝不及防,所率30余万军队兵败如山倒,丢下乌沙堡败走。木华黎可以说对金朝首战旗开得胜。

此后,他或与成吉思汗同征,或独立率军作战,为蒙元帝国立下汗马功劳。最著名的战役有野狐岭之战。

1213年,金将纥石烈执中(胡沙虎)、九斤等率兵30万在野狐岭以北对阵。木华黎亲率敢死士,策马横戈,大呼陷阵。成吉思汗统帅诸军并进。再次大败金兵,追至浍河,僵尸百里。

这一年的秋天,复又围攻西京(今山西大同)。金国君臣上下因其西京被攻陷,始而大为惊恐,乃竭国中精锐,以胡沙虎元帅统马步兵50万应战,溃不成军。

1213年秋,木华黎率军又一次来攻居庸关。金朝积百年兵力此时已销折殆尽,其国力开始走向衰败。

随着木华黎的军队围住中都,金廷南迁,自此木华黎在山西、陕西、华北、辽东等地反复攻略,大小战役接连不断,所至望风归附。

1217年,成吉思汗诏封木华黎为太师、国王、都行省承制行事,赐誓券、黄金印,"子孙传国,世世不绝"。分弘吉剌、亦乞烈思、兀鲁兀、忙兀等十军,及吾也而契丹、蕃、汉等军,并属麾下。成吉思汗说,"太行之北,朕自经略,太行以南,卿其勉之。"赐大驾所建九斿大旗,并下令诸将:"木华黎建此旗以出号令,如朕亲临也。"由此建行省于云、燕,开始建立起新的秩序。

成吉思汗西征以后,与金朝、西夏、宋朝或攻或谈,皆由木华黎坐镇指挥。木华黎对成吉思汗始终忠心耿耿。1223年,木华黎东渡黄河，回到闻喜县，得了急病，召其弟带孙说："我为国家助成大业，擐甲执锐垂四十年，东征西讨，无复遗恨，第恨汴京未下耳，汝其勉之！"随后逝世，年五十四。此后成吉思汗亲攻凤翔，就对诸将慨叹："使木华黎在，朕不亲至此矣。"

尤其让世人关注的是，在朱元璋推翻元朝建立明朝后，洪武二十一年（1388），诏以历代名臣从祀帝王庙时，极力推崇木华黎。朱元璋把木华黎推在了元朝名臣第一位，并与三皇五帝一起祭祀，足见他对木华黎的尊崇。也由此显示了木华黎在刚刚推翻元朝，建立明朝的开国皇帝心目中的地位。

阿布赉汗

阿布赉汗（1711—1781），哈萨克历史上出类拔萃的英雄，文武双全的军事战略家、天才的外交家、政治家、著名的可汗。阿布赉出生于哈萨克族中玉兹的一个贵族世家。他生活的时代正是准噶尔蒙古贵族叛乱，沙皇俄国向哈萨克草原大肆进犯的非常时期。在他童年时父亲被准噶尔叛军所杀害，哈萨克汗国的国土被侵占，人民受到压迫。年少的他颠沛流离，在各地流浪。成年之后，阿布赉加入了抗击准噶尔叛军的队伍，屡建功勋。1735年他成为了中玉兹的可汗。1743年，他受到哈萨克人民的一致拥戴，成为了哈萨克民族三个玉兹的可汗。随后，阿布赉率军与前来平息准噶尔叛军的清朝军队并肩作战，击溃了准噶尔叛军。1754年，阿布赉彻底击败卫拉特人，取得了最终胜利。在1723—1756年长达30多年的哈萨克—准噶尔战争中，阿布赉成长为一个具有胆略雄才的汗王。1757年6月，阿布赉派遣由11名各部落头人组成的使团前往北京觐见，并分别于1758年、1759年和1760年连续三年派遣使者去北京或热河（承德）觐见，积极促进与清朝的贸易。1771年，阿布赉被清政府封为可汗。

喀班巴依

喀班巴依（1692—1770），出生于哈萨克中玉兹乃曼部落，是身经百战、叱咤风云的著名将领。阿布赉汗赐给他"汗巴图尔"的封号，成为阿布赉汗时代最著名的巴图尔（英雄）。喀班巴依16岁时手刃杀害其父兄的准噶尔巴图尔而声名鹊起。17—18

世纪中叶，准噶尔部经常掠夺哈萨克草原。在动荡的历史时局中，喀班巴依成为辅佐阿布赉汗的重要将领，率领将士浴血奋战，与准噶尔叛军进行了不屈不挠的斗争，受到哈萨克人民的崇敬和爱戴。当阿布赉汗首次倡导并组织哈萨克与清朝开展贸易时，便派遣喀班巴依带领哈萨克与清朝贸易的第一个商队，于1758年9月17日来到乌鲁木齐进行易货贸易，从而开创了与清政府的官方贸易，对促进清朝统一新疆起到了重要作用。为了纪念这位不朽的民族英雄，哈萨克人民把巩留县境内的天山厇尔德宁山脉的最高峰命名为"喀班巴依乔克（峰）"。喀班巴依的丰功伟绩像这座雪峰一样，永远屹立在哈萨克人民的心中。

近现代名人

阿拜·库南巴依

阿拜·库南巴依（1845—1904），哈萨克族近现代伟大诗人、思想家、哲学家、教育家、文化启蒙学者、作曲家和翻译家，是近现代哈萨克语书面文学的奠基人。阿拜被认为是哈萨克乃至中亚近现代思想史上第一个真正获得现代意识的思想家和启蒙学者。1995年阿拜诞辰150周年之际，联合国科教文组织将其列入"世界文化名人"予以纪念，并将1995年命名为"阿拜年"，在世界各地举行了不同形式的纪念活动。

1845年8月10日，阿拜出生于现今哈萨克斯坦东部的青格斯山区托布克特部落的名门望族。他自幼聪明好学，才思敏捷，青少年时代受过良好的教育，精通阿拉伯、波斯、察哈台、俄罗斯等语言。同时他博览群书，阅读了许多东方学者及诗人的经典作品，并接触了俄罗斯经典作家作品。通过俄语阅读了西方哲学家和科学家的作品，这使他开阔了视野，拓展了思维。此外他广泛参与社会活动，创办新学，普及科学知识，提倡吸收新思想，学习新知识，改造旧社会。

阿拜从青年时代就开始了文学创作。从1882年开始到他去世前，阿拜写了近200首诗，还创作了《无风夜里的明月》等28首

阿拜·库南巴依

歌曲，迄今传唱。另外翻译和改写了普希金、莱蒙托夫等人的50多首诗作。此外，他从1890年开始，耗费巨大心血完成的《阿拜箴言录》，记录了19世纪哈萨克部落社会政治、经济、教育、文化、伦理、风俗习惯等各方面的状况和问题，是研究哈萨克历史和社会生活的重要文献之一。阿拜的诗歌抨击封建制度，反对沙俄侵略，唤醒和团结哈萨克人民，被誉为"哈萨克民族生活的一面镜子"，深受哈萨克族群众的喜爱。其代表作品有《诗是语言的皇帝》《像升腾的火焰》《假如你心中有智慧之光》和《阿拜箴言录》等。阿拜还改编了三首叙事诗：《玛赫苏特》《伊斯坎德尔》和《艾孜木》。他的作品已经被译为中、英、法、德、俄、土耳其等文字，在全世界广为流传。阿拜以他的超凡思想与智慧，为哈萨克民族文化的进步做出了巨大的贡献，在哈萨克族近现代史上具有无可替代的地位，成为哈萨克民族的精神象征。

艾赛特·纳依曼拜

艾赛特·纳依曼拜（1864—1923），哈萨克著名抒情诗人、作曲家、阿肯，19世纪末哈萨克文坛集弹唱与写作于一身的文学家之一，在哈萨克文学发展史上具有重要的地位。艾赛特出生于一个普通牧民家庭，在幼年时期曾跟随毛拉学习经文，还曾投在著名学者阿拜门下学习。他酷爱音乐，从15岁就开始了演唱生涯，在当时被称为"歌手""夜莺"。艾赛特的一生游遍了阿勒泰、塔尔巴合台和伊犁草原，从哈萨克族丰富的民间文学汲取营养，创作了许多脍炙人口的诗歌和人民喜闻乐见的民歌。艾赛特的音乐作品没有被传统音乐模式所束缚，具有自己独特风格，同时富有鲜明哈萨克民族特色。无论长诗还是歌曲，他的作品含义深刻，抒情浪漫，反映哈萨克族的真实生活和丰富的内心世界。艾赛特的诗作广为流传，如《遗嘱》《辞别》《致年轮》等；创作的歌曲

《玛合帕丽》《辞别》《悲伤》等；优秀阿肯弹唱作品《与俄热斯江的对唱》《与卡勒拜的对唱》《与沙买提的对唱》等。此外，他采用了以诗歌形式改编民间传说和民间故事的方法创作了长篇叙事诗，如《木马》《塔提亚娜》《萨丽哈与萨曼》等不朽作品。

阿合买提·巴依吐尔逊

阿合买提·巴依吐尔逊（1873—1938），出生于哈萨克斯坦阔斯塔奈城，是哈萨克族著名教育家、语言学家、诗人，现代哈萨克语正字法创始人。1924年，阿合买提对当时的以阿拉伯字母为基础的哈萨克文字进行了改革。他去掉了阿拉伯字母中不符合哈萨克语语音习惯的12个字母，新发明了9个元音字母，创制了以阿拉伯字母为基础、符合哈萨克语音规则的字母表和以哈萨克语为母体的语音、语法、词汇体系。阿合买提编写了《哈萨克语法》《哈萨克文字正字法》《哈萨克语读本》《文学读本》等著作。1924年在奥伦堡召开的"苏联哈萨克斯坦专家学者大会"和1926年在巴库召开的"全苏联突厥语语言学家第一届联合大会"上，阿合买提介绍了这一文字改革成果，并得到认可和普及。从30年代起，中国新疆的哈萨克人已开始使用这种新型的文字，各地的哈萨克学校也用这种新型文字教学。

巴什拜·乔拉克

巴什拜·乔拉克（1889—1953），新疆塔城地区裕民县人，著名的爱国主义、国际主义开明人士，曾任新疆塔城地区第一任公署专员。在新疆三区革命时期，荣获三区革命政府颁发的"一级和平勋章"和"一级解放勋章"。巴什拜依靠自己的勤劳和智慧培育出稀有地方良种"巴什拜羊"，并成功发展致富。巴什拜致富后扶贫济困，热心帮助不同民族的贫困百姓，深受各民族人民的敬仰。1938—1939年抗日战争最艰苦的时期，巴什拜捐献良马200匹、小麦42石8斗。1940

◀ 巴什拜

年,为支持世界反法西斯战争,巴什拜向苏联捐赠了500匹鞍具齐全的军马。1941年,为解决行路难问题,他又捐资修建了从新疆塔城市到裕民县的必经通道"巴什拜大桥"。1947年,为平息阿勒泰地区发生的乌斯曼叛乱事件,维护祖国统一,巴什拜又捐出了250匹军马。

新中国成立后,巴什拜在家乡捐资兴办了塔城第一座水电站、塔城人民影剧院、塔城高中等现代化的公益事业。1951年为支持抗美援朝,巴什拜以个人名义向志愿军捐献了一架米格15战机,成为当时与著名艺人常香玉齐名的爱国楷模。其开创性的捐赠,不仅推动了地方社会进步,也对教育地方民众具有重大意义。1953年12月,巴什拜病逝,安葬于裕民县巴尔鲁克山脚下的切格尔河西岸。

唐加勒克·卓勒德

唐加勒克·卓勒德(1903—1947),著名的爱国革命诗人、现实主义诗人,我国哈萨克现代文学奠基人之一,在我国哈萨克现代文学史上占有显著地位。唐加勒克出生在新疆新源县一个贫苦牧民家里。他从10岁起接受启蒙教育,对文学产生了浓厚兴趣。他曾拜民间阿肯为师,熟读了哈萨克族许多著名的英雄史诗和爱情长诗。20世纪20年代初期,唐加勒克赴苏联学习两年,深受苏俄进步文学的影响。1925年回国后,唐加勒克先以民间歌手"阿肯"的身份游历伊犁地区,在广大牧民中编写、演唱诗歌,宣传进步思想。1928年他被反动当局逮捕入狱,两年后获释。出狱后,唐加勒克除进行诗歌创作外,还积极投身社会活动。他曾创办过哈萨克牧村学校和哈萨克文报纸,还创建了民族剧团,上演了哈萨克语话剧《秀噶》。1940年2月,唐加勒克被盛世才当作"危险分子"再次投入监狱,被关押6年之久。在狱中,唐加勒克结识了一些共产党人和革命志士,使他进一步树立革命民主思想,更加坚定了反抗黑暗统治的革命意志。1946

▶ 唐加勒克

年唐加勒克获释。由于在狱中备受折磨，唐加勒克在获释后一年即不幸去世。在短短20多年的创作生涯中，唐加勒克为我们留下了两万多行思想深邃、内容丰富、形式精美的诗篇，丰富了我国现代文学的宝库。他的主要作品有《萨迪克与萨丽哈》《阿娜尔与萨吾列》《娜斯古丽》等6部叙事长诗，《人民的秘密》《狱中实况》等9部抒情长诗，还有100多首短诗。《唐加勒克诗选》等一批作品已译为中文。

参考文献

1. 二十四史
2. 资治通鉴
3. 续资治通鉴
4. 王国维校注本. 圣武亲征录
5. （南宋）赵珙（旧误为孟珙）. 蒙鞑备录
6. （南宋）彭大雅著，徐霆作疏. 黑鞑事略
7. 长春真人西游记
8. 余大均译. 蒙古秘史. 石家庄：河北人民出版社，2001
9. ［波斯］拉施特著，余大钧，周大奇译. 史集. 北京：商务印书馆出版，1983
10. 何高济译，翁独健校. 世界征服者史. 呼和浩特：内蒙古人民出版社，1980
11. 大元圣政国朝典章
12. 元朝名臣事略
13. 明通鉴
14. 红史
15. 蒙古源流
16. 黄金史
17. 朱风，贾敬颜译. 汉译蒙古黄金史纲
18. 元史本证
19. 西使记
20. （明）陶宗仪. 说郛
21. （明）陶宗仪. 辍耕录
22. 西域图志
23. 大清一统志
24. 钦定西域同文志
25. 多桑蒙古史
26. 中亚蒙兀儿史
27. 中亚文献
28. 关于突厥民族和部族的民族组成的记载
29. 瓦利汉诺夫著作集

30. 布哈里的中亚史

31. 卡尔梅克史评注

32. 王以铸. 希罗多德历史. 北京：商务印书馆, 1985

33. 阿布尔·哈齐·把阿秃儿汗著, 罗贤佑译. 突厥世系. 北京：中华书局, 2005

34. ［法］雷纳·格鲁塞著, 龚钺译, 翁独健校. 蒙古帝国史. 北京：商务印书馆, 1999

35. ［俄］维·维·巴尔托里德, ［法］伯希和等著, 耿世民译. 中亚简史. 北京：中华书局, 2005

36. ［法］勒尼·格鲁塞著, 魏英邦译. 草原帝国. 西宁：青海人民出版社, 1991

37. ［英］汤因比著, 曹未风等译. 历史研究. 上海：上海人民出版社, 1966

38. ［英］赫·乔·韦尔斯. 世界史纲——生物和人类的简明史. 北京：人民出版社, 1982

39. ［美］罗兹·墨菲著, 黄磷译. 亚洲史. 海口：海南出版社, 三环出版社, 2004

40. ［俄］B.A 李特文斯基主编, 马小鹤译. 中亚文明史. 北京：中国对外翻译出版公司, 2003

41. ［苏联］约·波·马吉多维奇著, 屈瑞, 云海译. 世界探险史. 北京：世界知识出版社, 1988

42. 王国维. 蒙古史料四种校注. 北京：中华书局, 1959

43. 陈垣. 元西域人华化考. 上海：上海古籍出版社, 2000

44. 韩儒林. 元朝史. 北京：人民出版社, 1986

45. 周连宽. 大唐西域记史地研究丛稿. 北京：中华书局, 1984

46. 贾敬颜. 五代宋金元人边疆行记十三种疏证稿. 北京：中华书局, 2004

47. ［美］朱学渊. 中国北方诸族的源流. 北京：中华书局, 2002

48. ［古代阿拉伯］马苏第著, 耿升译. 黄金草原. 西宁：青海人民出版社, 1999

49. ［美］麦高文（W.M.McGovern）著, 章巽译. 中亚古国史. 北京：中华书局, 1958

50. ［哈萨克斯坦］卡德尔哈里史册. 阿拉木图：阿依达纳出版中心, 2001

51. ［哈萨克斯坦］叶里敦·阿克阔西嘎尔罗夫. 哈萨克史编. 阿拉木图：火焰出版社, 1997

52. 克烈汗·阿曼卓罗夫. 突厥人民历史

53. 刘伶, 黄智显, 陈秀珠主编, 岑麒祥审订. 语言学概要. 北京：北京师范大学出版社, 1984

54. ［美］肯尼思·卡兹纳著, 黄长伟, 林书武译. 世界的语言. 北京：北京出版社, 1980

55. 朱星. 语言学概论. 天津：天津人民出版社, 1957

56. ［苏联］A.C.契科巴瓦著，周嘉桂，高名凯译．彭楚南校．语言学概论．北京：高等教育出版社，1956

57. 岑麒祥．语音学概论．北京：科学出版社，1959

58. 陈明远．语言学和现代科学．成都：四川人民出版社，1984

图片提供者
（按姓氏音序排列）

《哈萨克族民俗文化》
第21页（下）
第59页
第60页（上、下）
第66页（上、下）
第69页
第70页（中、下）
第71页
第74页
第76页（上右）
第76页（上、中、下）
第77页（上）
第80页（上、下）
第88页（下）
第93页
第94页（中、下）
第124页（下）
第125页（下）
第130页
第131页
第132页
第133页
第167页
《哈萨克族图案艺术》
第75页（下）
第76页（中）
第79页（上、中、下）
第129页
第130页（上、中）
《哈萨克族饮食文化》
第83页

第86页（中）
第88页（上）
第90页（下）
第91页（上、中、下）
《哈萨克族毡房文化》
第44页
第58页
第63页
第65页
第67页
第68页（上、中、下）
第69页
第70页（上）
第75页
第76页（上）
第77页（下）
第78页（上、下）
第97页
第120页
第124页
第125页
艾克拉木·米吉提
第4页
第8页
第10页
第11页
第12页
第13页
第14页
第15页
第16页

第19页
第22页
第25页
第27页
第30页
第34页
第37页
第38页
第47页
第48页
第49页
第50页
第51页
第52页
第53页
第61页
第64页
第73页
第95页
第98页
第99页
第104页
第114页
第134页
第136页
第137页
第139页（下）
第140页（上）
第144页
第145页
第151页

第152页
第158页
第159页
第160页
第162页（上）
第164页（上、下）
第165页
第168页
第170页
百度网
第84页
第85页
第101页
第127页
第128页
第142页
第143页（上）
第143页（下）
第147页
第148页
第149页
第153页（上、下）
第156页
第157页
第163页
第166页
第184页
第185页
第186页
海拉提·卡依浦江
第132页（上）

赛力克·努尔地巴依
第45页
第62页
第81页（上）
第82页
第86页（上）
第87页
第89页
第90页（上）
第92页（上、下）
第94页（上）
第96页（上）
第96页（左下）
第100页
第106页
第107页
第112页
第135页
第138页
第140页（下）
第141页（上）
沙吾来西·木尔沙尔
第29页
第33页
第139页（上）

后记

这本书是应辽宁民族出版社之约完成的。他们要组织出版一套关于介绍55个少数民族的丛书,责任编辑吕怡当时找到我说,希望由我来完成《哈萨克族》一书的撰写,我欣然答应了。因为为我的民族写一本书,是我长久以来的一个心愿。当然,对此我也做过多年的前期准备。

但是,我一开始没有能够完全理解出版方的意图,我按照学术著作的要求去谋篇布局和撰写。后来,辽宁民族出版社吴昕阳副总编和责任编辑吕怡来京时终于讲明了他们的出版意图,这套丛书的编辑宗旨,是向普通读者大众提供关于我国各少数民族历史文化的通俗读本。

我的心一下纠结起来。原先的写作是每一句都要注明出处,但是,出版方认为这样会使普通读者阅读起来感觉很累,行文中不要处处标明出处,只要在最后提供参考篇目就足够了。普通读者想了解的是一个民族的历史文化概况,这样做有助于各民族的相互沟通和理解,有助于各民族文化的相互交融,它的责任与使命和纯粹的学术著作有所不同,要浅显易懂。

现在,我明白了,必须从我的纠结中摆脱出来。毕竟出版者比我更清楚读者需求,我应当尊重出版者的选择。出版者的出版日期迫在眉睫,但是,我的确太繁忙了,时间总是不够用。出版者提出了一项建设性的建议,关于资料性的内容部分,找一位助手帮助我完成,这样才能有效节约时间,不至于影响他们的出版周期。于是,我们共同选择了伊拉达·拉音别克,由她来协助我完成大量的资料收集、整理、编纂、插图配图工作。

事在人为,现在这本书终于摆在读者面前,希望读者在轻松阅读的同时，能够立体加深对一个民族的印象。同时，感谢出版者智慧的眼光，在信息时代着眼读者需求，推出这样一本通俗读物。

关于我的学术著作，我将不遗余力，另行完成。

感谢时代，感谢读者。

艾克拜尔·米吉提
2014年12月于京城海淀